Johann Hoffer

Adalbert oder die Macht der Weiber-List

Johann Hoffer

Adalbert oder die Macht der Weiber-List

ISBN/EAN: 9783743616417

Hergestellt in Europa, USA, Kanada, Australien, Japan

Cover: Foto ©ninafisch / pixelio.de

Weitere Bücher finden Sie auf **www.hansebooks.com**

Adalbert/
Oder
Die Macht der Weiber-List.
Denen
Römisch-Kayserlichen
Mayestätten
Zur
Faßnachts-Kurtzweil
Wälsch-gesungener vorgestellt
Im Jahr 1697.

Mit der Music
Zu denen Worten/ Herrn Antoni Draghy/
der Römischen Kayserlichen Mayest.
Capell-Meistern.

Zu denen Däntzen/ Herrn Johann Joseph
Hofer/ der Röm. Kayserl. Mayest.
Cammer-Musici.

Gedruckt zu Wienn/
Bey Susanna Christina Cosmerovin/ Röm.
Kays. Maj. Hof-Buchdruckerin.

Innhalt.

ADelheide/eine Tochter deß Lidolpho/Wüterichs deß Burgunds/ vnd eine Wittib deß Lotarius/ Königs in Wälschland/ wurde von Berengario zu einer Gemahlin begehrt für Adelbert seinen Sohn/ vnd auffgenommenen Mitgehülffen der Regierung. Aber die großmütige Fürstin/ welche beede/ als Vntertrucker ihres Ehegemahls/ hassete/ hat diese Vermählung beständig außgeschlagen. Wessentwegen sie erstlich in Bavia belägert wurde/ hernach flohe sie in Meyland/ hernach auff Canossa zu Ottone ihren Vettern/ von dannen sie Otto den Grossen/ König in Teutschland/ hernach Römischen Kayser durch Brieff vmb Hülff gebetten hat/ ihme sambt den Thron auch ihre Vermählung anerbietend. Otto nam̄ diese Anerbietung an/ vnd vmb sie

A 2   sei-

seiner Hülff desto mehr zu versichern/ überschickte er ihr einen Ring zur Ehe. Folgends kame er auch mit seinen Sohn Lidolpho in Wälschland/ allwo er die Adelheide erledigte/ vnd eheligte/ indem er den Berengario vnd Adalbert gefangen namme/ vnd sie zwange/ ihme zu huldigen. So viel bezeugen die Geschichtschreiber.

Hierzu wird erdichtet:

Daß Adelheide/als sie die Kriegs-Verfassungen wahrgenommen / welche Adalbert ihr gehaßter Liebhaber wider sie gemacht/ den Fürsten Lidolpho vmb Hülf ersuchet / ihme entgegen ihre Vermählung angetragen habe. Daß dieser die Anerbietung angenommen / vnd mit einen ihme sehr getreuen Hof-Herrn/ welche sich Ernestus nennte / vnerkandt gekommen seye/ die zu Bavia belägerte Königi so lang zu beschützen/ biß sein Kriegs-Hee auß Teutschland kamme / die Stadt z entsetzen. Daß vnterdessen Adalbert d Stadt eingenommen habe/ wordurch A delheide durch äusseriste Noth gezwu gen / sich zu verstellen / vmb den gantzl
che

chen Vntergang ihrer vnd der ihrigen zu entfliehen gezeiget habe / als ob sie ihn ehelichen wolte. Weilen aber ihre vnd deß Lidolpho Lieb sich nicht so sehr verbergen liesse / daß der eifersüchtige König selbe nicht merckte / haben sie vnterschidliche List gebraucht / ihn zu bethören.

Es wird auch erdichtet / daß Osmonda deß Königs in Engeland Tochter / in ihrer Kindheit / sambt Aspasia ihrer Saug-Amme von den See-Raubern geraubet / vnd vnter den Namen der Jdrena der Kayserin Berta / deß Adalbert Mutter / seye geschencket worden / welcher mit ihr erwachsen / sich in sie verliebet / vnd hinwiderum von ihr geliebet worden seye. Dannenhero die Kayserin / alle Vngebührlichkeit zu fliehen / befohlen habe / daß sich die Osmonda schwerlich kranck stellen muste / vnd nachdem sie selbe beyh nächtlicher Weil hinweg geschickt / gabe sie vor / daß sie gestorben seye. Daß Osmonda mit nachtrücklichen Anbefehlungs-Brieffen an der Adelheide Hof ankommen seye / allwo sich auch Aspasia vnter den Namen der Melitea befande / ohne dem sie einander erkandten. An statt Otto deß Grossen / ist allhier sein Sohn Lidolpho eingeführet worden / als welcher wegen seiner Jugend geschickter scheinet / die Persohn eines verliebten Fürsten / welcher sich auß Lieb in grosse Gefahren begibt/ vorzustellen. Und weilen das gantze Werck in Arglistigkeiten bestehet / welche Adelheide gebrauchet den Adalbert zu verblenden / also ist es genennt worden

Die Macht der Weiber-List.

Vor-

Vorstellende.

Adalbert/ König in Welschland/ **in die Adelheide verliebt.**

Adelheide/ deß Lotarius Wittib/ **in Lidolpho verliebt.**

Lidolpho/ deß Kaysers Otto Sohn/ **in die Adelheide verliebt.**

Oßmonda/ eine unerkante Fürstin auß Engelland mit erdichten Namen Idrena/ **in Adalbert verliebt.**

Ernestus/ deß Lidolpho Vertrauter.

Aspasia/ der Oßmonda/ hernach der Adelheide Saug-Amme/ mit verstellten Namen Melitea.

Bleno/ deß Adalbert Diener.

Freylen
Hoff-Herren } Der Adelheide.
Edel-Knaben
Wacht

Kriegs-Bediente/ deß Adalbert.
Andere Kriegs-Bediente.
Verstellte Seiten-Spiller.

Veränderungen der Schau-Bühne.

Lust Wandelgang.
Königliche Zimmer.
Bilder Zimmer.
Garten.
Zimmer mit Klang / und Seiten-Spillen.
Königlicher Saal.
Gefängnuß.

Neue Zeugnussen der Sinnreichen Fürtreflichkeit / Herrn Ludwig Burnacini / der Römischen Kayserlichen Maye-stät Mundschenckens.

Däntz.

Däntz.

Von verstellten alten Zauberinnen.

Von Verstellten Klang- und Seiten-Spiellern.

Von erledigten Gefangenen.

Diese Däntz seynd auff das kunstreicheste ersinnet/ und unterrichtet worden/ vom Herrn Francesco Torti/ der Römischen Kayserlichen Mayestätt Däntz-Meister.

Zu mercken/
Daß die Reden/ so zwischen disen Zeichen ( ) stehen/ von den Redenden für sich allein/ und von andern unvernommener vorgebracht werden.

Erste Handlung.

Lust Wandelgäng.

Bey anbrechenden Tag.

Erster Eintritt.

Adelhaide. Hernach Ernestus.
Hoff-Herren. Edel-Knaben. Freilen.

Adel. Jе Früehröth fangt an zu scheinen/
Weckt den Vogl/ damit er singet;
Nur für mich sie Trübe bringet/
Ladet mein Aug ein zum Weinen.

Der verhaßte Adalbert hat sich meiner Burg bemächtiget/ vnd gedencket mich nun / da ich gefangen bin/ zu seiner Vermählung zu zwingen/ welche ich/ so lang ich frey ware/ allzeit außgeschlagen. Ich sehe auch die zu meiner Hülff erwarte Mannschafft auß Teutschland noch nicht ankommen ; Der Fürst/ den ich liebe/ ist verwundt. Was soll ich Unglückseelige / als ein schwachend unstreitbahres Weibs-Bild/ die sich allein/ und
zwar

zwar mit feindlicher Macht umbgeben befindet/ nun a
fangen? Der Hochmüthige Uberwinder wird mit e
sten kommen/ und sich nicht begnügen an der Erober
der bezwungenen Stadt/ sondern er wird mein Her
mit einer weit unerträglicheren Belägerung beängstig
O für mich Unglückseelig/ und betrenbahrer Tage.

 Alles schon die Sonn anstrahlet/
 Bringt der gantzen Welte Freuden;
 Doch zugleich auff mein Hertz fallet
 Eine Nacht voll Peyn/ und Leyden.

Erne. Königin/ der König unser Feind kommet gegen di
Nun ist es billich/ daß du dich deiner/ und deß Fürst
erinnerest/ und zugleich gedenckest/ daß du/ auch G
fangene/ eine Königin seyest.

Anderter Eintritt.

Adalbert/ mit vornehmen Kriegs-Bedienten. Und die vorige.

Adalb. SAmt denen Sigreichen Waffen/ leg ich di
O Schöne/ ein überwundenes Hertze zu Füsse
Nun entzinde die Vermählungs-Fackel/ unsere bee
Königliche Hertzen/ und ertheile dardurch dem Welsc
Land die erwünschte Außhaiterung.

 Dann die Ursach meines Streiten/
 Ware nicht die Cron Begier.
 Deiner Schönheit Liebligkeiten/
 Suchten disen Krieg von mir.
 Die Liebe stritt mit Kriegs-Waffen hier.

Adel. (Feindseelige Stern! Soll ich meinem Lidolpho Untreu/ und meines Feindes Gemahlin werden?)

Ern. (Was wird sie thun? Was wird sie sagen? Sie ist voll Gedancken/ und schweiget.)

Adal. Reiche/ geliebte Königin / reiche meinem entzünden Hertzen zur Abkühlung deine schneeweisse Hand.

Adel. (Ich muß mich verstellen:) Hier/ O Herz/ hast du meine Hand/ (aber nicht das Hertze.)

Ern. (Was sihe ich? Man gebe alsobald hiervon Nachricht dem beschimpfften Liebhaber. Ein beständiges Weibs-Bild in der Lieb ist eine Wunder-Sache.)

gehet weg.

Adal. An deiner Hand umbfange ich das geschicke meines Lebens. Nun gehe ich/ die Kühnheit meiner Völcker/ durch gemässe Befelch zu bezwingen.

Adel. Ich verbleibe inmittels hier/ mit deinen edlen Hertzen Gespräch zuhalten. Gehet Jhr/ meine Getreue/ und lasset mich ein wenig hier allein.

Adel. Ich gehe/ O schöne/ werde aber bald widerumb zuruck keren / die Seele zu suchen/ welche ich in deinen Augen lasse.

Adel. Die geneigte Götter begleiten dich aller Orthen;

**Gehen alle hinweg. Adelhaide
bleibt allein.**

Lieber umbgebe dich
Der Höllen Raserey/
O Witterich.
Das Meer bewaffne sich
Mit Ungestümmigkeit/
Die Lufft mit Würbel-Streit/
Der Himml mit Grausamkeit
Nun widre dich.

Drit=

Dritter Eintritt.
Bleno. Melitea. Adelheide.

Ble. Ist dises die Königin?
Mel. Eben dise ist es.
Ble. Sie hat wohl ein schlechtes Ansehen darzue.
Mel. Schweige/ O Lapp.
Ble. Ich bereite mich / sie mit einem beredsamen Grueß zu
    verehren; Sihe O Königin/ jener berühmte Bleno/
    deß Königs/ Euers Gemahels kurtzweiligster Diener/
    demühtiget sich mit der Grundfeste seiner Seelen biß an
    das Fueß-Gesimbs Eures Rocks.
Mel. Er ist wohl närrisch?
Adel. Gehe von dar.
Ble. Was ein bäurische Fürstin. Der Wein erträncke mich/
    wann ich sie mehr grüsse. Seynd dann die Höfflichkei-
    ten in disem Land nicht der Brauch?
Adel. Gehe fort/ vermessner Narr/ und vergrössere nicht die
    Verbitterung meines Hertzen.
Ble. (Ihr zu Trutz will ich hier verborgner stehen bleiben.)
Adel. Du/ meine Getreue/ bleibe hier.
Mel. Verzeyhe mir/ ich kan nicht. Ich habe was zuver-
    richten mit disen fremden Diener.
Adel. Jetzt ist es nicht Zeit hierzue.
Mel. Es ist aber ein Geschäffte/ woran sehr vil gelegen.)
Adel. Einem/ der treu dienet/ liget an dem Befelch einer
    Königin weit mehr?
Mel. Dises seynd Possen. Ich gehe mein Glück zu suchen.
Ble. (An disen Hoff dienet man fürwahr recht embsig.)
Adel. Gedulte dich/ wohin gehest du?
Mel. Mit fünff oder sechs Worten ist die Sach verricht.
Adel. Ist dises die Ehrerbietigkeit / die du mir schuldig bist?
Mel. Nur vier Wort/ hernach komm ich widerum. (Was
    ein eigensinnige Frau.)
Adel. Ich vergehe vor Spott-

Vierd-

Vierdter Eintritt.
Lidolpho/ Adelheide vnd Bleno abseits.

Lid. MEineydige / billich solt dich der Spott vergehen machen / wann anderst noch ein Funcken der Vernunfft in dir übrig ist / wann anderst in der Königlichen Seelen die Schamerröttung nicht gantz erloschen ist. Aber was Königliche Seele/ die kein Treue halt? Was Königliche Seele/ welche die Ehr nicht achtet? Vil mehr eine falsche betriegerische Seel einer Syrenen/ welche die Unbehuetsamen an sich ziehet / damit sie selbe entribe.

Adel. In deme du mich/ O Geliebter/ beglückseeligest / vnd mir zeigest/ daß deine Wunden geheylet seyn/ sage mir/ warumb du mich durch deinen unrechtmässigen Zorn durchhertzest/ ja gar entseelest?

Ble. (Daß Zuehören wird nicht schaden.)

Lid. Ein heylsamer Safft hat meine Wunden gebessert/ du aber O Grausame eröffnest eine weit grössere in meiner Seelen. Ist dir dann die Vrsach meiner Entrüstung unbewust? O Untreue/ O Undanckbahre/ O Falsche/ O Betriegerin.

Ble. (O Ungereimte.)

Adel. (Himmel/ was wird es nur seyn?)

Lid. Villeicht/ Treulose / bist du nicht die Jenige/ deren unwarhaffte Zeilen mich von den Albinern anhero beruffen haben zu jener Vermählung / welche du anjetzo dem Adalbert verwilliget hast?

Ble. (Sie reden wider den König; Es steckt unfehlbar ein Betrug darunter.)

Lid. Ist dises die verschworne Treu? Ist dises der Lohn meiner auffrechten Lieb? Meiner Schmertzen?

Ble. (Ich will noch auffmercksamer acht geben.)

Adel. Du irrest dich/ Geliebter.

Lid.

Lid. Eſt iſt doch noch nicht lang / daß du dich erkläret haſt
sein zu ſeyn.

Adel. Es iſt war / aber nur verſtellter Weiß / umb unſer
beeder Untergang zu vermeyden / und zugleich au[ch]
denen Bunds-genoſſenen Völckern Zeit zu geben / a[n]
hero zu kommen / damit man hernach dem Wieter[ich]
unterdrucken könne.

Ble. (Wer hätte ihm jemahls einen ſo häßlichen Betrug ei[n]
fallen laſſen?)

Adel. Du aber wirſt jederzeit mein Hertz und Leben ſein.

Lid. Ich hab gefählt / O Schöne / entſchuldige mich dur[ch]
meine Forcht.

Ble. (Der König iſt fürwar eine herrliche Cron zu ſuch[en]
kommen.)

Lid. Eine Würckung deß zarten Liebs-Schertze
Iſt die Forcht / die mich quälet und plaget.
Der acht nicht zu beſitzen ein Hertze /
Dem nicht deſſen Verluſt Forcht einjaget.

Ble. (Ich kan mich nicht mehr enthalten) O gut /
O was ein ſchöne Braut.

Adel. Hier iſt deß Wieterichs Diener: Hat er uns villeic[ht]
gehört? Aber er iſt ein Einfalt / man bethöre ihn.

Ble. Ich hab alles gehört.
Die Königin wird unterdeſſen mit dem Lidolfo heimblich reden / worauff dieſer den
Degen entblöſſet / und ſich ſtellt /
als ob er die Königin um-
bringete.
Ich gehe es den König zu erzehlen.

Led. Boßhaffte / du muſt ſterben.

Adel. Helfft / Helfft / O Götter! Ich bin tobt.
Indem ſich die Königin ſtellet / als ob ſie
tödtlich verwundt wäre / und Lidolfo ſie
verfolget / laufft die Alte zu / und glaubt /
die Königin ſeye ernſtlich ver-
wundet.

Fünf[fter]

Fünffter Eintritt.
Melitea/ und Bleno.

Mel. Helfft/ helfft.
Ble. Was gehets mich an.
Mel. Der Verräther hat sie nur allzugewiß entleibet: O verfluchte Eyffersucht? O die arme Frau! ich kan sie vor Hertzenleyd gar nicht anschauen: War ist es/ daß sie böß war/ und daß sie mich mit Gewalt allzeit älter machen wolte/ nur allein/ damit sie mir keinen Mann geben dörffte/ vorwendend/ es seye schon genug/ daß ich zehen Männer gehabt/ und ich hoffe doch noch biß auff den zwantzigsten zu kommen.
Ble. (Sie hat fast nicht so viel Augenblick mehr zu leben.)
Mel. Mich schmertzt nicht/ daß sie gestorben/ mir ist nur leyd/ daß sie so unschuldig umb ihr Leben kommen/ und auß eitler Eyffersucht. Daß arme Kind!
Ble. (Sie halt die Ehrbarkeit für eine Narradey.)

Mel.
  Dises ist fürwar zu viel.
  Männer thun wohl hundert deren/
  Umb uns Arme zu bethören/
  Und wir schweigen darzu still.
  Wann sie uns hingegen sehen/
  Einen Fähler nur begehen/
  Jeder steinigen uns will.
  Dises ist fürwahr zu viel.

Ble. Diser Brauch ist vielmehr löblich? Dann die Küh pflegt man ja in die Schlacht-Banck zu führen.
Mel. Aber ich will gehen/ mich zu erkundigen/ ob sie mir/ durch ihren letzten Willen/ kein Geld vermacht habe zu meiner neuen Hochzeit.
Ble. (Lieber für deine Begräbnuß.)
Mel. Aber es beweinet kein Mensch dise Unglückseelige.

Ble. Es geschicht ihr gar recht: Ein Weibsbild/ daß ihr E
nicht in obacht nimbt/ ist nicht werth/ daß sie leb
Das Lieben gehet in schwung zu Hoff an allen Ohrten
Da schmeichlet/ da liebkoset man/ umb zu ermorden.

Sechster Eintritt.

Ernestus gekleydet/ wie Mercurius. Bleno.

Ern. WEr Hochheiten verlangt/ der komme zu mir? J
bin Mercurius/ eine Gottheit/ die über alle an
dere zu Hoff verehret wird.
Ble. Er ist Mercurius/ weil er Flügel an Füssen führt.
Ern. Sinn/ der zum Betrug gewöhnt/
Zum Diebstall geschickte Händ/
Die ertheile ich allhier.
Wer Hochheiten verlangt/ der komm zu mir.
Ble. Ich will ihn umb eine Gnad bitten.
Ern. (Er glaubt es fürwahr) Ich bin in diese Burg gekom
men/ weil ich die Seel der entleibten Königin von d
in die Elisischen Felder überbringen muß.

Bleno Knyet nider.

Ble. Herr/ und Gott der Dieb...
Ern. Hola? So unterstehet sich ein menschliches Aug th
Blick auff die ewige Wesenheit einer unsterblich
Gottheit/ zu werffen?
Ble. Gnad/ Gnad/ O Herr.
Ern. Weil dir aber der Himmel so grosses Glück vergü
net/ so stehe auff/ und sag/ was du begehrest.
Ble. Ich verlange allein/ weil ich ein armer Mensch bin/
daß du mich lehren solst die Kunst reich zu werden.
Ern.

gst du vielleicht / daß ich dich solte verstehen
e Bewegungen nicht allein der Elementarischen
ndern auch der hohen Himmels-Gezürcke.
egehre ich nicht zu wissen/ weil es eine Kunst
zar mühesam / und nichts einträget.
ht wilst du / daß ich dich in der Kunst der Wohl-
t unterweisen soll?
err? Ich verlange auch diese nicht: Lehre mich
dere/ die nicht so beschwerlich/ und sicherer ist.
as für eine?
dere/ jene der geschickten Hände.
rstehe dich nicht.
nem Wort/ ich möchte gern lehrnen die Kunst
ereichen/ daß ist/ zu stehlen.
a/ hoffst du vielleicht zu hohen Aemtern zu kom-
n welchen du deß Fürsten Geheimnussen ver-
kanst? Oder durch einen Schein-Eyffer zu ma-
aß er Diamanten für Glaß/ und Schatten für
alte? Oder aller Orten unterschiedliche schwam-
ßgestreuter zu haben/ welche jenes Gold an sich
/ von deme hernach dir ein grosser Theil ver-
soll?
wüste ich nicht zu wegen zu bringen.
he/ daß stelen ist kein Handwerck für einfältige
Umb Glück zu haben/ seye dir genug/ ein Narr

b nichts darwider zu sagen? Er hat recht.
gehetweg.

B2　　Sieben-

Siebender Eintritt.
Ernestus allein.

DEr Thorrechte ist hinweg / und hat mich ohne Schertz für den Mercurius angesehen: Nun will ich diese erdichte Verkleydung / welche zu einen seltzamen Schau-Spiel gedienet / ablegen. In was grosse Gefahr giebet sich der verliebte Fürst? Was Ubel verursachet nicht die Lieb.

    Venus nie der grimmen Liebe
    Mutter und erzeigrin war:
    In der düstren Hölen trübe /
    Eine Furie sie gebahr.

    Sie hat nie die Milch genossen
    Von Huld-Göttinnen / nein / nein /
    Gifft muß in sie eingegossen
    Von erwilten Thüren seyn.

Achter Eintritt.
Idrena / hernach Melitea.

Idr. Meines verliebten Hertzen grausammes Geschicke / so mir niemahls keine Ruhe vergönnet; Danoch die Zeit / und die Entfernung kaum angefangen mit den Lebens-Balsam einer süssen Vergessenheit meine Wunden zu heylen / da kommet mein Feinde widerumb mit den Bogen seiner Augen selbe auffs neue zu eröffnen. Haben villeicht dise meine betrangte Augen noch nicht genueg geweinet? Was für Thränen verlanget dann die wüttende Liebe?

                      O die

O der Liebe Raserey!
Da ich hoff das End der Plagen/
legt sie mir mehr Schmertzen bey:
Macht mich neue Fäßlen tragen/
Da ich hoff zu werden frey.
O der Liebe Raserey!

Mel. Ha/ ha/ wer soll es glauben? Grosse Arglistigkeit von einem Weib. Obwohl ich sonst arglistig/ bin ich doch betrogen worden/ vnd habe sie für entleibt gehalten. Ha/ ha/ hülff mir doch/ geliebte Jdrena/ hülff mir doch lachen. Dann ich kann nicht mehr.

Jdr. Jetzt ist eben die rechte Zeit darzue.

Mel. Hast du die Geschicht gehöret von dem Diener/ welcher außgespehet? Von den verstelten Todtfahl? Und von dem verkleidten Mercurio?

Jdr. Mir ist allein der bittere Zuefall meines warhafften Todts bekandt.

Mel. Und was erneuert doch widerumen deine alte Traurigkeit? Villeicht die Lieb?

Jdr.   Ein grausame Strenge/
       Bezwingt mich zur Peyn
Mel.   Was hüllffts sagen/ nein/
       Wann es es die Farb saget?
       Deß Angesicht Schein
       Zeigt/ was das Hertz traget.

Jdr. Wann man stirbt/ ist es nicht Zeit/ die Ursach deß Tods zu verschweigen. An der Berta Hoff bin ich als ein Kind mit dem auch dazumahl unmündigen Adalbert erwachsen/ (O süsse Gedächtnuß jener jungen Jahren.) Und mit mir ist auch die Lieb gewachsen.

Mel. Ich hab es allzeit gesagt/ daß Jdrena verliebt/ vnd jhr Geliebter entfernet seye.

Jdr. Ich liebte den Fürsten/ vnd er mich ingleichen. Die Ehrbarkeit bezaumte vnsere Flammen,

B 3   Mel.

Mel. Wohl eine seltzame Tugend für eine Freyle / die v[n]
liebt ist.

Jdr. Aber / damit die vernünfftige Königin der Hitze [die]
Nahrung entziehe/ stellt sie es der Gestalten an / daß [ich]
mich etliche Tag kranck stellen / vnd hernach nächtlich[er]
Weil verreisen müste. Ich bin verreist / aber ohne [Lie]ben/ vnd hab allein denen Schmertzen / oder vilmehr [ei]nem langwirigen Tod gelebt.

Mel. Ich weiß/ wie schwer es ist / entfernet leben von dem[/]
was man liebt.

Jdr. Nun steh ich jhn widerumb/ aber als der Adelheide G[e]mahel. Die Eyffersucht vereiniget sich mit einer ve[r]zweiffelten Lieb. Nun bedencke / O Freundin/ ob so v[il]
Schmertzen ein Hertz auß Trauren kōnne.

Mel. Seye nur lustig/ vnd lebe. Ich will dir ein grosse[s]
Geheimnuß vertrauen. Wisse/ daß er der Adelhei[d]
Gemahel nicht ist/ vnd auch nie sein wird.

Jdr. Du schmeichlest mir. Wie kan dises seyn?

Mel. Jetzt ist es nicht Zeit. Ich mueß zur Königin gehen[.]

Jdr. Höre.

Mel. Du kanst auch bald in jhre Zimmer kommen. Dan[n]
ich verlange auch von dir ein Geheimnuß zu wissen.

geht weg.

Neündter Eintritt.

Jdrena allein.

ICh weiß nicht/ ob mir die Lieb auß Mitleyden/ ode[r]
auß grösserer Grausamkeit einen Schatten vo[n]
süsser Hoffnung rieche. Die Seele/ welche durch jh[r]
langwüriges Leyden schon gantz ermattet war/bekos[t] nu[n]
neue Stärcke/ damit sie jhre Plagen noch länger kön e[r]tragen.

Ein

Ein recht standhaffte Treu
Zu stärcken/ vnd zu laben.
Find ich/ daß es gnueg seye/
Ein Hoffnungs-Faden haben.

Zehender Eintritt.
Königliche Zimmer.
Lidolpho. Ernestus.

Lid. VNd zu was Ende/ Ernestus/ hast du deß Mercurius Kleidung vnd Namen angenommen?

Ern. Damit der Diener bethöret werde/ auch sich in der Anklagung verwirre/ vnd bey den Eyffersichtigen König keinen Glauben finde.

Lid. So soll ein Teutscher Fürst/ vmb sein Heyl häßlichen Betriegereyen zu dancken haben?

Ern. Gedulte dich/ O Herr/ so lang biß das Kriegs-Heer ankomme. Es ist ein leichte Sach/ den König vnsern Feind zu erlegen. Wie wird es aber hernach dir ergehen? Kanst du wohl der Ungestümmigkeit seiner Völcker widerstehen? Warumb will man dann ohne tringender Ursach ein so grosse Seele in so grosse Gefahre setzen/ da du doch den Sig gewiß/ vnd vnfehlbar erhalten kanst?

Lid. Dise meine Erdultung/ O Freund/ wirfft mir eine Zagheit vor/ welche einen König nicht wohl anstehet/ vnd klaget mein Hertze einer Ermanglung der Liebe an. Gibe zue/ daß diser Degen mich meiner schönen/ als einen Printzen/ vnd treuen Liebhaber darthuen möge. Gibe zue/ daß dise Faust den Adalbert meinen Mitbuhler entädere/ vnd daß mein edle Flamm aus Tag Liecht komme.

Ern. Als ein Fürst bist du schuldig / dich deinem Reich zu erhalten/ und als ein Liebhaber muest du den Willen der jenigen Schönheit/ der du dich unterthänig gemacht hast/ für ein Gesatz halten. Sie befilcht es also / derowegen muest du gehorsamen.

> Wie die Fürsten zu herrschen sonst pflegen/
> So die Lieb in den Hertzen regiert.
> Der da dienen thuet / und brenen
> Einem Herrscher/ einer Schönen/
> Ohne weiters Uberlegen
> Die Befehle gleich vollführt.

Lid. Ich begniege mich / O Getreuer / an deinen weisen Rath. Aber mein Ertragnuß wird die Inbrunst deß Zorns umb so vil mehr vergrössern / als vil ich sie werde verborgen halten müssen.

> Wie ein Erd-Dunst mit Wolcken umbgeben/
> So wird eben
> Sich verbergen mein Rachbegierd.
> Die in Eyle
> Zum Nachtheile
> Ihm/ in Blitze außbrechen wird.

Eilffter Eintritt.
Adalberto. Ernestus.

Adal. GEdulte dich / O Freund. Der milde Jupiter lachet durch meine gnädige Blicke deine Verdienste an. Du wirst ein Ephestion sein deß Wälschen Alexander / die Brunn-Quele meiner Gnaden wird sich für dich niemahls erschöpffen.

Ern. Ich sage dir/ O Herr/ unendlichen Danck.

Adal.

Adal. Nimme/ als eine kleine Ableitung hiervon dise mein von köstlichen Edelgestein glantzende Abbildung.

Gibt ihm ein mit Edelgestein
versetztes Canterfe.

Ern. Dieses ist keine kleine Ableitung/ sondern ein grosser Stromm. (Er will meine Treu erkauffen/ aber er betrieget sich.)

Adal. Mir ist wol bewust/ daß dir meine Königin ihr Hertz völlig offenbahret.

Ern. (Mit zweiffelhafften Reden werde ich ihn wissen zu verwirren.)

Adal. Derowegen sag mir / hat sie den Haß/ den sie vormahls gegen mir getragen/ noch nicht abgelegt?

Ern. Ich weiß es nicht.

Adal. Du weist es nicht? Ich verstehe dich/ du wilst es nicht sagen/ aber deine Verschwigenheit redet allzu viel: Ein weit angenehmerer Gegenstand entziehet mir ihr Hertze.

Ern. Es kan seyn/ aber ich weiß nichts hiervon.

Adal. Der Pfeil ist abgedrucket/ mit dem du mich durchhertzet hast; Vollende es nur gar/ und bekenne mir die Wahrheit.

Ern. Ein Königlicher Befehl ruffet mich anderwertig hin/ O König.

Adal. Verziehe ein wenig.

Ern. Eine so wichtige Verrichtung leydet keinen Verschub. Lebe aber indessen meiner Treu vergwist/ und das dringente Geschäfft erlange mir von dir Verzeyhung meiner Eyle.

Gehet weg.

Adal. In was grosse Verwirrung bin ich gefallen.

Wann Freud will ereilen /
Sie alsbald verschwindet/

So/ daß sie nicht findet
Viel Jahre das Hertz.
J.doch find es ohn Verweilen/
Ohne Mühe den bittern Schmertz.

Zwölffter Eintritt.
Bleno/ und Adalbert.

Ble. Endlich hab ich ihn angetroffen/ vielleicht weiß er schon alles? O wie vertiefft ist er in Gedancken.

Adal. Welcher Liebhaber ist unglückseeliger/ als ich? In meinen ersten Jahren war ich in die Jdrena verliebt/ aber ein frühzeitiger Todt hat sie/ als eine frische Blumen/ hinweg gerissen.

Ble. (O die liebe Jdrena; Ach mir! Ich möchte fast weinen.)

Adal. Hernach hab ich mich in die grausame Adelheide verliebt/aber/was hilfft es: Ich bitte/Sie verschmähet mich: Ich trohe/ Sie acht es nicht: Ich ergreiffe die Waffen/ Sie ergibt sich nie; Und/ da ich/ nach eroberter ihrer Burg/ sie zu besitzen hoffe/ verliere ich sie mehr/ als niemahlen.

Ble. (Er hat gewiß Nachricht von ihren Tod/ ich will ihn trösten.)

Adal. Was will ich thun mit einem Leib ohne Hertze? Mit einen Hertzen ohne Lieb? Mit einer Schönheit/ die vor mich ein Leichnam? Die für meine Schmertzen einige Empfindlichkeit/ einigen Trost nicht hat?

Ble. Lasse sie nur bald denen Raben vorwerffen

Adal. Gehe/ jetzt ist es nicht Zeit/ deine Thorheiten anzuhören.

Ble. Lasse dirs nicht leyd seyn/ O Herr/ eine verlohren zu haben/ welche dich nicht geliebt hat. Ich hab sie selbst gesehen mit einen andern von der Lieb reden.

Adal.

Adal. (Was hör ich?)

Ble. Ich selbst hab es gehöret / daß sie ihren Liebsten hönig-süsse Wort vorgeschwäzt.

Adal. Und was sagte sie?

Ble. Daß jener ihr Hertze seye / und daß sie sich gegen dir nur verstelle.

Adal. Was soll ich mehr Zweiffeln / der Diener ist getreu / und seine Einfalt ist der Betrügerey nicht fähig. Treulose / Undanckbare / verfahrest du dergestalt mit einen Herrscher? Mit einem / der dich anbettet? Ich werde wissen meine Neigung zu ändern? Ich werde machen / daß du solst eine Dienerin deß jenigen werden / den du vor einen Gemahl außschlagest: Die knechtische Ketten werde ich von meinen Hertzen auff deine Füsse übertragen / und / weil du mich nicht wilst für einen Liebhaber annehmen / solst du an mir einen Herrn und König haben.

Ble. (Er will eine Verstorbene zu einer Dienerin haben? Fürwar er kommt von Sinnen.)

Adal. Kan ich aber eine Königin für eine Dienerin halten? Die Ketten der Seelen in Fesseln gehen lassen?

Ble. (Die Thorheit nimbt zu.)

Adal. Wie kan ich aber eine grausame Wietterschin / und ein Wildes Thier / als ein Weibsbild / und als eine Königin verehren? Ja/ ja unerbittliche... Hier kombt sie eben gegen mir.

Ble. Ach mir / sie saget mir Forcht ein: Kommet sie vielleicht die Begräbnuß zu suchen?

Drey-

Dreyzehenter Eintritt.
Adelheide/ und die vorigen.

Adel. Mein Gemahl? Mein Abgott?

Adal. Schweige? Nicht dein Gemahl/ sondern dein König bin ich/ und eben/ wie es dein niderträchtiges Hertze verdienet/ wirst du meine verächtliche Dienerin seyn.

Ble. (Ho/ ho/ mit dem Todten trau ich mir auch zu bochen.)

Adel. Was hör ich? Mein sag mir/ seit dem ich dir die Eheliche Treu versprochen/ wormit hab ich dich beleydiget/ und warumb hat sich dein Hertz in so kurtzer Zeit also verändert?

Adal. Frage diesen meinen getreuen Diener; Ja frage dich selbsten darumb.

Ble. Ja/ ja ich habs schon gesehen/ daß einer mit dir verliebtes Gespräch gehalten.

Adel. Diser ist boßhafft/ oder närrisch.

Adal. Sage leiber/ einfältig/ und getreu.

Adel. Und/ wann hast du je so grosse Niderträchtigkeit an mir wahrgenommen?

Ble. Kurtz vorhero/ ehe du gestorben.

Adel. Ich gestorben? Nun sichst du/ wem du geglaubt hast.

Ble. Ja/ ja/ wie er dich umbgebracht/ und du verschiden bist.

Adal. (Was hör ich? Aber wer weiß/ villeicht hat sie sich nur so gestellet.)

Adel. Villeicht hast du es im Rausch geträumet?

Ble. Nein/ nein. Ich ware munder/ und habe lang mit dem Mercurio geredt/ welcher kommen ist/ dich in die Elisische Felder zu führen/ und mich die Kunst lehrnen wolte/ Reich zu werden.

Adel. Was sagst du nun? Und glaubst du noch mehr denen Thorheiten eines schlechten/ und aberwitzigen Dieners/

als

als dem Versprechen einer Königlichen Seelen? Aber ich verstehe dich schon.

Adal. Was hab ich dann Unrechts begangen?

Ble. (Was ein Schalckhaffter Sinn!)

Adal. Unterstehest du dich noch deffen? Schweige Unbedachtsamer/ du Ursach alles meines Unheyls.

Ble. O was ein Einfalt!

Adel.
Ich nihm es nun gewahr/
Den Thron hast du verlanget/
Und nahmst Verstellung an;
Doch/ wann ich bin betranget/
Ist noch der Himmel dar/
Der mich bald rechen kan.

Ich bin es schon vergwiſt/
Mein Reich an dich zu raſſen/
Gabst falsche Treue mir.
Doch wird der Himmel straffen
Noch dise deine List
Und grosse Ungebühr.

Adal. Verziehe ein wenig/ O Geliebte/ ich will deine Beleydigung mit meinen Blut abwaschen/ so die Thränen zu wenig seyn.

Gnad/ Gnad sey mir vergunt.
Meine Peyn ist ohne gleichen/
Und so groß/ daß sie erweichen
Auch die Grausamkeit selbst kunt.

Adel. Ich will die Beleydigung vergessen/ so du mir versprichst/ daß du keinen Schatten meiner Treue mehr muthmassen oder glauben wollest.

Adal. Ich werde Ihr mehr glauben/ als meinen eigenen Sinnen.

Vier-

Vierzehender Eintritt.
Bleno allein.

Ich muß sterben/ bin gantz verzweiffelt. Nun bin ich auß der Königlichen Gnad kommen / er hat mich nicht einmahl beurlaubet / er hat mich auch gar nicht angeschaut. Dises ist der Lohn/ den mir meine treue Dienst erwerben? Bin gantz verzweiffelt/ ich muß sterben.

    Ich selbst mich entseelen
    Hier mit disen Degen will.
    Ein Streich/ der gefährlich/
    War mir doch beschwärlich.
    Was entseelen? Ach nein / still/ still
    Mit so traurigen Einfällen.

Funffzehender Eintritt.
Melitea. Jdrena. Bleno.

Mel. Ist es diser?
Jdr. Eben diser.
Mel. Sein Nam?
Jdr. Bleno.
Ble. (Es mueß doch gestorben seyn.)
Mel. Und war er an das Adelbert Hoff in dich verliebt?
Jdr. Der Unsinnige hat mich geliebt.
Mel. Verberge dich/ und hilff hernach die Abrede befördern.

        Melitea / und Jdrena
          geben hinein.

Ble.

Ble. Man erwehle einen andern / vnd zwar einen großmü-
tigen und hertzlichen Tod / dann ich will als ein grosser
Held von disen Leben scheyden.

  Am stärckisten Stricke
  Ich mich selbst auffhencken will /
  Doch dörffte das Schwingen
  Den Hals-Wehe mir bringen.
  Mich auffhencken? Ach nein / still / still.
  Merck / daß sich die Sach nicht schicke.

   Melitea kombt widerumb
    zuruck.

Mel. (Ich wil mit jhm reden.) Was machst du hier allein /
und so sehr verwirret?
Ble. Du kommst eben recht zu einem hertzlichen Schau-Spill
grosser Khünheit / und Stärcke: Wisse / daß ich sterben
will.
Mel. Wilst du sterben? Warum?
Ble. Dem König zu Trutz / welcher mich unbilliger Weiß
seiner Gnad beraubet hat.
Mel. Seye getröst. Ich will machen / daß du sie widerumb
erhalten solst. Wisse / daß ich eine grosse Zauberin
seye / und alles vermag.
Ble. (Einer Gabelfahrerin sicht sie nicht ungleich.)
Mel. Ich mache die Todten widerum leben / und nihme un-
terschidliche Gestalten an mich.
Ble. Ich glaub es nicht.
Mel. Eben durch meine Kunst ist die Königin widerum auffs
neue belebet worden.
Ble. (Ich wolte daß du gestorben wärest / ehe du sie belebet
hast. Nun begreiff ich es.) Sage mir / wie heiß ich?
Mel. Bleno.
Ble. Bin ich nie verliebt gewesen?
Mel. An deß Adalbert Hoff hast du die Idrena geliebt.
            Ble.

Ble. (O was ein gewaltige Schwartz-Künstlerin.) Noch ein andere Prob / hernach ist es genueg. Ich verlange / daß du die Gestalt meiner holdseeligen Jdrena an dich nehmest.
Mel. Ho/ ho/ dises ist schier zuvil. Aber ich will dir gleichwohl willfahren / hernach aber will ich / daß du mein Mann werdest? Verstehest du mich?
Ble. Ja/ ja.
Mel. So gehe ich/ die Zauberey zurichten/ erwarte meiner hier. Gehet weg.
Ble. Wann sie nur jhr Gesicht ändern kan/ gefallt sie mir schon zu einen Weib. Ho/ ho was sehe ich.

Kommt Jdrena.

Jdrena/ geliebte Jdrena/ wie erfreuet es mich / daß du widerum erstanden.
Jor. Schweige Thorrechter. In der Jdrena Gestalt bin ich die Zauberin/ und heisse Melitea.
Ble. (O was ein liebes Mütterl!) Ich nihme dich zum Weib an.
Jor. Halte innen / dann so du mich anrührest / ist gleich alle Zauberey hin. Nun gehe ich/ selbe zu verneuern. Unterdessen halte dich gefast zu meiner Vermählung.
Ble. Ja/ komme nur fein bald? O was ein liebe Alte! Es wird mein Glück sein: Siehe/ sie kombt schon wiederumb; Ach mir!
Mel. Bleno/ nun übergiebe mir nur fein bald deine ehliche Treu.
Ble. Ja/ ja ich will sie dir ergeben/ aber ich will/ daß du eine andere Gestalt an dich nemmest.
Mel. Ein andere Gestalt? Und was für eine?
Ble. Was du für eine Wilst/ nur deine nicht.
Mel. Ein so holdseeliges Gesicht scheinet dir überlästig? Ich will/ daß du es bereuen sollest: Holla/ Gespanninen.
Ble. Uh/ was Hexen.

Com-

kommen etliche alte Weiber/ welche
dem Bleno verfolgen/ und dieser/
als er sie kommen siehet/
entlaufft vor ihnen.

Sechzehenter Eintritt.
Jdrena allein.

ES schertze wer da will/ die Kurtzweil und die Lieb
schicken sich übel zusammen. Ein Verliebter/
welcher Schertz treibet/ ist gleich einem Ubelthäter/
der da erfreulich dantzet auff der Folder-Banck/ und
welcher springet zu dem Gesauß deß Schwerds/ daß
ihn umbringet; Erscheint ein Schiffmann/ welcher
lacht/ nachdem er Schiff-Bruch gelitten.

    Ein liebendes Hertze
    Sich allzeit betrübet/
    Dann/ wer da kan treiben Schertz/
    Traumet/ oder nicht recht liebet.

Die alten Weiber/ welche den Bleno verfolgt/ kommen zuruck/
und machen einen

Dantz.

Anderte Handlung.
Erster Eintritt.
Ein Kunst-Zimmer.
Bleno/ und Melitea.

Ble. Ich bin wol glückseelig/ weil es mir noch gerathen/ daß ich/ **nach** einem so grausamen Platz-Regen von stössen/ denen Zaubrinnen entlauffen können/ und zu allem Glück dises schöne Zimmer offen finde/ worein ich mich retten kan.

Mel. Bleno?

Ble. Ach mir!

Mel. Was fürchtest du? Hab ich vielleicht eine Gestalt/ die einem Forcht einjaget?

Ble. Nur allzu viel.

Mel. Wie?

Bl. Nein/ nein. (Ach! ich bin verwirret.) Ich förchte mir/ weil ich sahe...

Mel. Was sahest du?

Ble. Ey dich nicht: Ich sahe von ferne/ fast auff eine Meil Wegs/ ein altes Weib/ welche ich vor eine Zaubrin angesehen.

Mel. Du bist voller Forcht/ weil du ohne Gespannin lebst. Derowegen verlobe mir deine Vermählung.

Ble.

Ble. (Ich muß mich mit einer Außred ihrer loßmachen.) Ich wolte dich gern zum Weib nehmen/ aber ich hab im Feld dem Kriegs-GOtt ein Gelübd gemacht/ daß ich keine von diesem Land Heyrathen wolle.

Mel. Daran ist nichts gelegen? Ich bin anderwertig gebohren.

Ble. (O verfluchtes Glück!) Und wo?

Mel. In Engelland/ und ich war an jenem Hoff die Saug-Amme der Königlichen Tochter Oßmonda.

Ble. (Jetzt hilfft nichts mehr? O unglückseeliger Bleno.)

Mel. Da ich eines Tags mit der jungen Fürstin/ welche noch nicht fünff Jahr alt ware/ in einen kleinen Schiffel auff stillen Meer Lust wandlete/ erhebte sich ungefehr ein Sturm-Wind/ welcher mich vom Port entfernete/ und einem Niederländischen See-Rauber zur Beuth übergabe.

Ble. (Warumb hat dich nicht dazumahl das Meer versencket.)

Mel. Der Unmitleydige See-Rauber schenckte mich der Adelheide Mutter/ und ich kunte von dem Königlichen Kind nichts mehr erfahren: Nun Bleno/ ist dir mein Geburt/ mein Vermögen/ mein Lieb/ und alles bekannt; Jetzt nime mich zu einem Weib.

Ble. Warte auffs wenigst/ biß mich der König wiederumb in seine Gnaden auffgenommen/ hernach will ich dein Mann werden.

Mel. Versprichst du mir es?

Ble. Freylich.

Mel. Betriegst du mich aber nicht?

Ble. Nein.

Mel. Geliebter Bräutigam/ nun lasse mich machen.

Gehet hinweg.

Ble. Wann ich wiederumb in deß Königs Gnad komme/ will ich sie alsobald auffhencken lassen/ damit ich mich auß aller Verwürrung winde: Hier kommt der König/

aber es ist die Königin bey ihm. Ich will seinen Zorn entgehen: Es wird besser seyn/ daß ich wieder zu ihm komme/ wann er allein ist.

Gehet hinweg.

Anderter Eintritt.

Adelheide/ und Adalbert.

Adel. Entschlag dich der Schmertze/
Wann anderst Treu übet
Dein Seel ohne List.
Ein auffrechtes Hertze
Bey dem/ was es liebet/
Niemahl traurig ist.

Adal. Allzu groß ist mein Erquickung/
Drum scheint sie ein Qual zu seyn:
Da so hefftige Beglückung
Daß Hertze unterdrucket/ macht sie Peyn.

Adel. Bist du meiner Treu vergwißt?
Adal. Nur allzu viel/ O Schöne.
Adel. Zweiffelst du nicht mehr daran?
Adal. Nein/ mein Geliebte? Und dir zu zeigen/ wie groß meine Zuversicht seye/ will ich/ daß man von den Deinigen mir eine Wacht/ und Bediente erwähle: Siehe/ ich schicke die Meinigen in das Feld-Lager zuruck; Gehet hin/ ihr meine Getreue.
Adel. Nein/ nein.
Adal. Widersetze dich doch nicht meinem gefasten Entschluß.
Adel. Ich bequeme mich zu deinen Willen/ und bekenne/ daß deine Lieb sehr Edelmüthig.
Adal. (Durch Liebs Kluegsinnigkeiten überwindet man ein Edles Hertze.)

Adel.

Adel. Ich überlasse dir einen Theil von meiner Wacht / biß
man dir eine geziemende Hoffstatt auffrichte. Inmittels ergöze deine Augen an disen unterschidlichen Gegenständen. Gar bald soll auch dein Gehöre ergözet
werden durch süsse Ubereinstimmung Kunsteicher Seiten-Spille. (Die Grund-Veste deß Betrugs seynd
die Schmeichlereyen der Lieb.)
Adal. Schöne / an deinen Gnaden **findet mein Hertze neue
Ketten.**
Adel. Lebe wohl / geliebter Gemahel.
Adal. Lebe wohl / mein Leben.

Dritter Einritt.
Adalbert / Bleno.

Adal. WAnn die Strahlen der Sonne hinscheyden
Von dem Wasser / wird es widerumb kalt.
Also machen auch mich voller Hitze
Einer Schönheit hellglantzende Blitze /
Wann ich aber dieselbe mueß meyden /
Alsdann mein Hertze gleich die Eyffersucht anfallt.

Der Meer-Sturme ist nicht mehr gar ferne /
Wann die Heitre deß Himmel vergeht.
So geniesset ingleichen mein Seele /
Wann ich sehe ihre Augen / ein helle /
So ich aber verliehr dise Sterne /
Gleich Ungewitter in dem Sinn entsteht.

Ble. (Die Königin ist hinweg.)
Adal. Und solt ich glauben / daß eine so ergrimmte Feindin in
einem Augenblick sich verliebet habe? Doch ja / die
Weiber seynd unbeständig.
Ble. (Ich will mein Glück versuchen. Ach mir / es zitern
mir die Füsse.)   Adal.

Adal. Und kan wohl den geringsten Funcken einer Verstellung die jenige in sich ernehren/ welche mir jhre treueLieb durch so vil Proben zu erkennen gibt? Doch ja/ die Weiber seynd falsch/ vnnd betriegerisch.
Ble. (Disses tauget mir trefflich.)
Adal. Mein Diener hat sie zwar bey mir für untreu angegeben. Ja/ aber die Schöne wuste die Angebung abzuleinen.
Ble. (Diß ist nicht gut für mich.)
Adal. Aber wer weiß? Villeicht/ villeicht hat sie jhn betöhret.
Ble. (Jetzt ist es Zeit. Ich will es wagen.) Es ist wahr/ O Herr/ sie haben mich bethöret.
Adal. O Himmel/ was höre ich? Und wie hast du den Betrug erfahren?
Ble. In diser Burg befindet sich eine beruffene Zauberin/ welche underschidliche Gestalten an sich nimt/ sie machet die Lebendigen außsehen/ als ob sie Todt/ und die Todten/ als ob sie lebendig wären: Sie machet einem sehen/ und hören/ was nicht ist. Wann ich König wäre/ ließ ich sie auffhencken.
Adal. (Widerum neue Thorheiten.)
Ble. Und was das ärgeste ist/ sie lasset die Unschuldigen erbärmlich zerprügeln. Mein Rucken weiß auß Erfahrenheit zu sagen/ daß ich nicht liege/ und nicht betriege.
Adal. Was Seltzamkeiten höre ich? Aber es ist eine Thorheit/ einem etwas glauben/ der nicht gescheid ist.
Ble. Dieses hab ich erwartet.

    Gedult/ so geht es her.
    Wer zu Hoff die Wahrheit saget/
    Der erjaget
    Kein Glück mehr.
    Gedult/ so geht es her.

Wann ich das Maul machen und betriegen/ wann ich
stelen kunte/ wäre ich auch schon ein Cavallier/ und
würden sich viel finden/ die sich meiner annehmen thäten.

 Aber weil ich gar zu redlich/
 Bleib ich stets vom Glücke leer.
 Gedut/ so geht es her.

Vierter Eintritt.
Barken.
Idrena allein.

Dise Bäumer/ die Grünend da stehen/
Schmeicheln zwar meinen hoffenden Hertzen:
Doch die Lüffte/ die Seuffzer her wähen/
Erinnern dises Hertz der Pein und Schmertzen.

Dise Blumen/ die stets Freude bringen/
Meiner Seelen Vergnügung ankünden:
Doch die Wässer-Fäll/ die hier entspringen/
Zum weynen und zum Leyd mein Hertze zwingen.

Die Seele schwinget sich mit denen Flügeln der Lieb gegen meinen Geliebten Schatz; Allein der Gegenstand/
nachdem sie Zielet/ ist so sehr entfernet/ daß es ein
Wunder ist/ wann selben auch so gar das Verlangen
nicht auß dem Gesicht verliehrt.

Fünffter Eintritt.
Melitea/ und Idrena.

Mel. Du weist es/ Idrena/ was ich für dich gethan hab/ nur damit ich dich dem Ungemach entziehe? Ich hab der Königin deine- und offt der Königin lieb erzehlet. Nun kanst du mir wol gebührende Belohnung darfür ertheilen.

Idr. Für dich will ich alles thun.

Mel. Wann du wirst deß Adalbert Gemahlin seyn ...

Idr. Ach! Mein Hertz darff kein so grosses Glück hoffen.

Mel. Ich weiß aber/ daß du es noch werden wirst: Versprich mir doch ...

Idr. Ey/ ein König erniedriget seine Neigungen nicht so sehr.

Mel. Er wird sie wol erniedrigen müssen. Also beliebe dazumahl/ als seine neue Braut. ...

Idr. Dise beglückte Zeit kan nicht kommen.

Mel. (Sie macht mich rasend.) Ich sage dir ja/ ja/ ja: Verstehst du es?

Idr. (Ich will ihr beyfallen.) Damahls werde ich dir willfahren.

Mel. Dem Himmel seye Danck. So beliebe alsdann zu machen/ das Bleno/ mein Bräutigam/ von Adalbert wieder in Gnaden auffgenommen werde.

Idr. Ja/ ja? Ich werde alles richten: Gedenckst du aber in disem Alter noch dich zu verheyrathen?

Mel. Bin ich vielleicht hundert Jahr alt? Ich bin zwischen zwanzig und neunzig Jahren/ und/ ob es gleich etwas weniger/ oder ein wenig mehr ist/ verhindert die Jugend nicht.

> Trutz dem Eys/ daß meine Haar bedecket/
> Bin ich starck/ und in guten Stand.
> Wenig Reiff in der Wahrheit nicht klecket/
> Mir zu löschen deß Hertzens-Brand.

Sech=

Sechster Eintritt.
Adelheide / und Jdrena.

Adel. Mir ist es schon bewust / Jdrena / daß dir die geschwätzige Melitea die verborgene Neigungen meines Hertzens entdecket habe. Seye getreu / und befördere ein so wichtiges Geheimbnuß durch deine Beyhilff. Ich verpfände dir entgegen mein Königliches Wort / daß ich / so viel möglich ist / darzu helffen wolle / daß du deß Adelbert Gemahlin werdest.

Jdr. Zu allzu hohen Zill **erhebest** du / O Königin / meine schwache Hoffnung; Und dannoch erkünt sie sich / durch die Flügel deiner Königlichen Gnaden sich zum Flug zu richten. Ich werde treu seyn / wie du befohlen / und ehe wird **der Somm das** Licht gebrechen / als mir die Treu.

Adel. Gehe zu den Fürsten den ich liebe / und sage ihm / daß ich seiner warte / allwo jenseits dieses Zauns von **Rosen** / wider die Strahlen der Sonnen / ein Gezehld von Gelsominen erhoben.

Jdr. Ich gehorsame.

Adel. Komme / komme / mein angebette Gottheit / **mit jenen** holdseeligen Augen dise Seele zu beglücken: Komme dise deß Frühlings Zierde zu beziehen? Ohne deines Antliz ermangelt dem Himmel die Heitere / und denen Blumen die Annemlichkeit.

Dein Gesicht / daß voll Purpur liget /
Rosen eyfern machen wird.
Durch die scham / zu seyn besiget /
Werden sie mehr sein beziert.

Krieg mit deiner Weisse führen /
Werden diese Lilien dar.
Und ihr Bleiche wird mehr ziehren
Die Besorgung ihrer Gfahr.

C 5   Siben-

Sibender Eintritt.
Ernestus allein.

Die Lieb ist ja wohl falsch / vnd voller Tücke! Sie verkaufft die Schatten für Leiber / die Träum für Schätze / Erden-Dämpff für Planeten / die Einbildungen für Gebäu / die Tropffen für ein Meer. Lidolpho lauffet mit der Königin zu reden / als ob er die gröste Vergnügung ereylen sollte / das Glück diser süssen Unterredung wurde er nicht umb der Götter Glückseligkeit vertauschen. O was eine Thorheit / für einen so grossen Schatz halten ein Wort? Ein Schmeichlerey? Ein Anlachen? einen Blicke? Die Lieb ist ja wohl falsch/ vnd voller tücke!

Was ein Glück/ wann man gefunden
Hat den Balsam für die Wunden/
Die die Liebe zubereit.
Doch/ sich lassen nie verwunden/
Bringt **weit** mehr Glückseligkeit.

Gegen-Lieb ein Hertz erquicket/
Daß der Liebe Band bestricket/
Weil von Rosen ist sein Band.
Jedoch ist weit mehr beglücket/
Der da lebt in freyen Stand.

Achter Eintrtt.
Adalbert. Ernestus.

Adal. Freund?
Ern. (O Götter!)
Adal. Hast du das Liecht meiner Augen/die Gottheit meines Hertzens/ meine Königin gesehen? Ich hab vernommen/ daß sie sich hier im Garten befinde.

Ern.

Ern. (Kunt ich doch machen/ daß er von dar gehe.) Sie ist eben jetzt weggangen; Villeicht wirst du sie finden in ihren Zimmern. (Was ein verdrießliche Begegnuß/ O Götter!)

Neunter Eintritt.

Adelhaide/ und Lidophlo in einem mit Gelsominen umbwundenen Lust=Häußl. Adalbert/ und Ernestus von aussen.

Adal. In von Blumen wohlriechender Schatten beschirmet uns hier vor der Sonnen=Hitze.
Adel. Hier höre ich ihre Stimm.
Ern. (Kunt ich sie doch vor Gefahr warnen.)
Adel. Aber vor der Hertz=verzehrenden Hitze deiner Augen/ O Geliebter/weiß sich meine Seele nicht zu beschürmen.
Adal. Mit wem redet sie? Ach mir!
Ern. Mich bedunckt es nicht/ das es der Königin Stimm seye. Ich will sehen.

Ernestus will weggehen/ und Adalbert haltet ihn ab.

Adal. Bleibe bey mir/ und schweige.
Lid. Angebette Königin/ mein eintzige Vergnüegung/ du weist/ daß ich für dich leb und sterbe.
Adal. Was höre ich? Meiner Braut ein so vermessene Erklärung?
Ern. (Ich möchte nur gern ihr Gespräch verstören.)
Adel. Geliebte Gottheit/ deren schönen Augen ich auff den Altar der Treue mein Hertz geopfferet hab/ du weist/ daß ich für dich leb und sterbe.

Adel.

Adel. Einem andern/ als jhrem Bräutigam/ ein so geile
Antwort?
Ern. Komme mit mir/ O Königin/ auff jene Höhe/dort wirst
du wohlriehende Blumen anß frembden Ländern sehen/
die von unglaublicher Seltzamkeit.
Adel. Schweige. Ich finde nur allzuvil an der untreuen
Königin / die scharffe Dorn meines beunruten
Hertzen.

Lid.   Wanns wahr/ daß entflamme
       Die Lieb in der Stille
       Dein Hertze für mich.
       Die Flammen sie namme
       Von der/ die ich fühle
       Unendlich für dich.

Adal. Ich höre dises/ und leyde es noch?
Ern. Hier allernächst/ O König/ stehet ein Brunn von
Marmorstein/an welchen die Kunst jhre äusserste Kräff-
ten angewendet. Ein Gegenstand / welcher deiner Kö-
niglichen Blick wohl würdig.
Adal. Schweige doch. Ach/ ich finde nur allzuvil an einer
treulosen Seele die Brunn Quele meines Schand vnd
Spotts.

Adel.   Wanns wahr/ das ertheile
       Durch meine Blick Wunden
       Dir der Liebes Schertz.
       So hat jenen Pfeile
       Er darzue gefunden /
       Der durchdrang mein Hertz.

Adal. Ich kan meinen Zorn nicht länger mehr in Zaum halten. Meineydige Verrätherin.
Adel. Ist vnser Feind allhier? O Himmel!
Ern. Ich gehe den Fürsten an die Hand zu stehen/ vnd mich
aller seiner Zufälle theilhafft zumachen.

Adal

Adzl. Ungetreue/ Falsche/ nun glaub ich keinen verächtlichen Diener mehr. Ich habe selbst deine Verspottungen/ deine Betriegereyen angehört. Komme herauß/ Unwerthe/ auß jener Höle/ welche auch ob deiner Unthat die wilden Thier sich schämen werden zu bewohnen. Eydbrüchiche/ kommst du noch nicht? Antwortest du mir auch nicht? Aber du verbergest dich umsonst vor eines Königs Zorn.

Zehender Eintritt.
Bleno. Melitea.

Ble. Alhier möcht ich mir gern die verdrießlichen Gedancken auß den Sinn schlagen/ aber meine Forcht will mich nicht verlassen.

 Scheint/ daß jeder Baum antrage
 Mir die Zweige zu empfangen mich.
 Doch mich dunckt/ daß jeder sage/
 Bleno/komme her zu hencken dich.

 Setzet sich nider.

Mel. Wann ein arglistige Königin! Den König zu betöhren/ will sie/ daß er mit Gewalt selbst glauben soll/ er seye Taub/ vnd höre nichts. Sie will ihm etliche Stumme zur Wacht geben. Hier kommen sie eben.

 Es kommen etliche/ die zu deß Königs
 neuer Wacht bestimmet/ und gekleidet
 seyn wie die vorige Wacht/ welche hinweg gehet. Bleno wendet sich zu disen
 Getöse umb/sicht die Melitea/und
 stehet voll Forcht auff.

        Ble.

Ble. (Ach mir/ da ist die Zauberin.)

Mel. (Da ist auch mein einfältiger Bräutigam/ welcher auch unwissend zu dem Betrug helffen mueß.)

Ble. (Ich will ihr schmeichlen.) Geliebte Braut/ mein sage mir du/ die du alles kanst/ und alles weist/ ob kein Mittel mehr seye/ die Gnad meines Herrn zu erlangen?

Mel. Ein einzige allein.

Ble. Mein sage mir selbe.

Mel. Du hast zwey grosse Mängeln/ dann du hörest gar wenig/ und redest gar zu vil. Nun/ wann du bey dem Adalbert seyn wirst/ so stelle dich/ als ob du alles höretest/ auch so gar das Jenige/ was du nicht hörest; Und so lang/ biß ich dir es nicht widerum schaffe/ antworte Ihm niemahl.

Ble. Wann er aber etwas von mir zu wissen verlangte?

Mel. Rede mit Gebärden? Bewege die Leffzen/ und öffne das Maul/ als ob du reden thätest; Wann du aber grossen Unglück entgehen wilst/ so rede nicht ein Wort.

Ble. Wann er aber zornig wurde?

Mel. Er wird sich so stellen/ umb dich zu versuchen: Damahls nimb dich in obacht/ und schweige mehr/ als niemahlen? Und siehe hier kommt der König; Seye gescheid.

Ble. Lasse nur mich gehen.

Melitea gehet hinweg.

Eilffter Eintritt.

Adalbert/ und Bleno.

Adal. SAgt warumen/
Jhr Gottheiten/
Reisst ihr sie von mir doch hin?
Ist sie wegen der Schönheiten/

Als ein Göttin euch vorkommen/
So habt ihr nicht außgenommen
Noch / wie Untreu sey ihr Sinn.

Ich hab alle Winckel deß Garten durchsucht/ und finde sie dannoch nicht? Ich hab sie auch da nicht herauß sehen gehen; Ach! Bleno/ Bleno/ du hast nur allzu viel die Wahrheit gesagt/ und du bist mir nur allzu getreue.

Ble. (Er fanget an / mich mit Schmeichlereyen zu versuchen.)

Adel. Sage mir aber / hast du die Unverschamte nicht sehen hinauß gehen.

Bleno deutet nein.

Hola? Was für eine Manier ist diese mit deinen König zu reden.

Belno zeigt durch Gebärden/ er habe geantwort.

Und wiederumb nur durch Zeichen? Hastu vielleicht die Sprach verlohren?

Bleno zeigt nein.

Hörest du / was ich befilch?

Er zeugt ja.

Und warumb gibst du mir keine Antwort? (Was muß doch dieses seyn.)

Bleno stellt sich / als ob er redete.

Hab ich vielleicht das Gehör verlohren/ oder treibet der kurtzweilige Diener zur Unzeit Schertze? (Aber ich will es bald erkennen.) So du nicht assobald/ wegen deines thorrechten Stillschweigen / umb Verzeyhung bittest / must du sterben.

Ble.

Ble. (O Was eine häßliche Versuchung!)
Adal. Verziehest du noch?

Bleno knyet nieder.

Ble. (Nun muß ich behutsam seyn.)
Adal. Redest du noch nicht?

*Bleno zeigt durch Gebärden / daß er rede /
und umb Verzeyhung bitte.*

Adal. Rede / wann du nicht wilst / daß ich mit meiner Hand dein verächtliches Blut vergiesse.

*Adalbert entblösset den Degen / und
stellt sich / als ob er ihn umbringen
wolt; Bleno entlaufft / und
schreyt zuruck.*

Ble. Weit / weit von mir mit der Versuchung.
Adal. Sterne / wo bin ich? Ist disés vielleicht die Burg der gottlosen Circe? Ich höre mich ja selbst / wann ich rede; Ich höre ja meine Stimm: Ich höre ja? oder betrieget mich die bethörte Einbildung? Ich will noch eine andere Prob vornehmen.

Gehet / mit der Wacht zu reden.

Saget ihr mir / Freunde / habt ihr nicht die Königin gesehen auß dem Garten gehen?

*Zwey Stumme antworten mit Ge-
bärden: Adalbert erzürnet /
und trohet ihnen.*

Was? Auch ihr?

*Die zwey Stumme entschuldigen sich /
und zeigen / daß sie deß Gehör beraubt seyn: Der König aber legt ihre
Zeichen anderst auß / und glaubt / sie
sagen / daß er nicht höre.*

Adal.

Adal. Ach! mir? Ihre beredsame Gebärden zeigen/ daß ich das Gehör verlohren? Ich bin mehr als jemahlen verwürret.

Zwölffter Eintritt.
Jdrena in dem Gezelt von Gelsominen/ und Adalbert.

Jdr. Bey der Nacht nimbt ein Kind nichts gewahre/
Vor dem nichts selbes dannoch Scheu traget.
Einen Krancken traumt offt von Gefahre/
In den Traum er sich kümmert und plaget.

Adal. Ich dancke euch/ Götter? Ich höre widerum/ was man saget.

Jdr. So ist nichts/ und ein Traume zugleich
Die Eyffersucht/ und ist doch marterreich.

Adal. Was ein angenehme Stimm: Meinen Hertzen aber scheint sie nit fremd zu seyn.

Jdr. Geliebter Adalbert?

Adal. Ich höre/ daß sie mit mir rede.

Jdr. Du irrest dich/ mein Lieber/ wann du glaubst/ daß du hörest. Der Himmel beraubt dich auff eine Zeitlang deß Gehör? Und disesmahl höret dein Gemüth/ aber nicht das Ohr.

Adal. Was Bezauberungen seynd dise? Und wer bist du/ der du ungesehener redest/ und dich hören machest von einem/ dem das Gehör benommen?

Jdr. Ich bin Jdrena/ oder besser zu sagen/ ich war Jdrena/ nun aber bin ich ein blosser Geist ohne Leibe? Ich rede nicht dem Sinn/ sondern der Seelen.

Adal. O angebetter Geist der liebreichen Jdrena/ der du auch/ da du nicht mehr bist/ mich zu trösten kommest. Sage mir doch/ ich bitte dich/ warumen verdammet

met mich der feindseelige Himmel/ zu lieben eine Treu-
lose/ eine Undanckbare/ welche für andere ein Feuer/
und für mich ein Eyß ist?

Jdr. Geliebter/ beschuldige dich selbst/ und nicht den Himmel: Die Königin ist gegen ihren Gemahl danckbar/
und getreu? Aber du bist der Treulose/ du bist der Un-
danckbare/ welcher die Jdrena nicht mehr liebet: Der
Himmel/ welcher gerecht ist/ straffet deine Untreu
durch Verwirrung der Sinnen/ durch falsche Vorstel-
lungen/ und durch eydle Eyffersucht.

Adal. Gibe dem Tod die Schuld/ Jdrena/ und nicht der
Lieb; Dann der Tod hat durch sein Eyß meine Flammen erloschen? Und/ wie kan ich leben vor eine/ die
nicht mehr lebet?

Jdr. Ob ich gleich todt bin/ lieb ich dich dannoch/ O Grausamer

Adal. O schön/ O beliebt/ O getreuer Schatten.

Jdr. Sihe/ ob ich dich lieb? Gehe hin/ allwo dich Adelheide mit einer Music zu verehren bestimmet: Alldort
wird dir eine fürnehme Zauberin einen Balsam von
mir reichen/ welcher dir das Gehör wieder bringen
wird.

Adal. Glück zu/ angebetter Schatten. Wann du einmahl
umb mich herum schwebest/ so beliebe zum Danck/
als ein Geist/ meine Seufftzer genehm zu halten.

Gehet hinweg.

Dreyzehenter Eintritt.
Jdrena allein.

Verzeyhe mir/ mein Angebetter/ wann dich auch
die Jdrena betrieget. Jedoch betrieget dich deine
getreue Jdrena/ weil sie dich liebet/ und/ weil sie

verlangt/ dich auß der Tods-Gefahr zu ziehen. Und so sie anderst ihre Hoffnung nicht betrieget/ wird sie/ in dem sie dich deiner unmitleydigen Feindin entziehet/ sie viel mehr als dich betriegen.

> Es ist die Betriegerey
> Von der/ die du jetzt betrübest/
> Gar vil schöner als die Treu
> Deren/ die du so sehr liebest.

Vierzehender Eintritt.

Zimmer/ mit Klang- und Seiten Spillen.

Lidolpho. Adelhaide.

Lid. Schöne/ nicht mehr. Ich hab allzuvil erdultet und geschwigen. Es mögen die niderträchtigen Seelen sich verstellen/ du bist eine gebohrne Königin; Ich ein gebohrner Fürst. Gibe doch zue/ daß ich meinen Fürstlichen Antrib folge. Ehe/ als mein Mitbuhler glaubet/ taub zu seyn/ soll er von mir entäderet werden.

Adel. Du wurdest dich in all zu grosse Gefahr begeben.

Lid. Wenigst werd ich als ein grosser Helde sterben. Worzue hebe ich noch dises Leben auff? Nach dem ich dich gesehen/ hab ich gnueg gelebt.

Adel. Ich wurde auch mit dir sterben. Förchte auch den Tod gantz und gar nicht. Mir wäre es ein Glück/ wann ich meine Lieb durch meinē Tod bewehrē könte. Allein beförchte ich die Niderlag meiner unschuldigen Völcker/ meiner getreuen Unterhanen/ für dise förchte ich mich; dise machen mich behutsam/ so mich die Lieb blind machet.

Lid. Bequem mich hierzue.
Immitels/ O schöne/
Die Gwalt/ die ich thue
Dem Hertzen für dich/
Bezeuge dir jene.
Die dir über mich
Die Lieb stellte zue.

Funffzehender Eintritt.

Seiten-Spiller.

Adalbert. Adelhaide. Ernestus.
Bleno.

Adal. (Hier sehe ich die Zuebereitungen der versprochenen Music.)

Die Königin gehet dem Adalbert entgegen/ zeigt durch Geberden/ als ob sie Ihn empfienge.

Adal. (Was Ungemach ! Nun höre ich auch so gar die Stimme der Seelen nicht. Ich verstehe doch wohl/ daß sie mich einlade zue zuhören.) Ich komme vilmehr meine Augen an deiner Schönheit / als das Gehöre mit der Music zu erquicken.

Der König/ und die Königin setzen sich.

Adel. (Was ein Güte von einem Gemahel.)
Adal. (Einen tauben eine Music ? Du scherzest/ O Geschicke.)

Jnmitels kommen die Seiten-
Spiller.

Ern. (O Götter/wie weit erstrecket sich die Arglistigkeit eines
Weibs. Deß Zoroaster Ruhm mueß selbiger weichen.
Der Weiber Arglist ist die wahre Bezauberung.)

Die Königin gibt denen Musicanten ein
Zeichen/ und dise zeigen/ als ob sie
auff ihren Instrumenten
Spilten.

Ble. (Jch hab mich in der Warheit erkältet. Was ein
grausamer Fluß ist mir in die Ohren gesuncken. Aber
sey gescheid Bleno. Ja/ ja / obwohlen ich keine Music
höre/ wil ich mich doch stellen/ als ob ich hörete/ was ich
nicht höre.)

Gibt mit Auffmerckſamkeit achtung/
und stellet sich/ als ob jhm die Music gar wohl gefielle.

Ern. (Wer so arglistigen Weibs=Bildern trauet/ ist wohl
närrisch.)

Adal. (Wann doch nur die Zauberin kommete/ dann ich höre
nichts.)

Sechzehender Eintritt.

Melitea gekleidet als eine Zauberin
mit einem Geschier vol Balsam
und die vorigen.

Mel. (Mit dem erwarten Balsam geh ich den König
zu bethören.)

Reichet dem Albert den Balsamb / und
diser schmecket darzue. Bleno/ welcher
unterdessen danzet / sicht in Umbkehren
die Melitea/ und lauffet
darvon.

Folget eine Music.

Ble. Ach mir! ach mir die Zaubrin.
Adal. (Himmel / ich hör wiederumb.) O einer eblen Seele
allerkostbarste Gabe.

Adalbert küsset das Geschirr mit
dem Balsam. Die Königin stellt
sich zornig / und gibt denen Seiten-
spillern ein Zeichen / daß sie
auffhören sollen.

Adel. Still mit der angenehmen Music: Und von welcher
Hand kommt dise angenehme Geschancknuß?
Adal. Von einem herumirrenden schönen Geist.
Mel. Deß Königs Liebste schicket ihm selbe.
            Gehet hinweg.
Ern. (Dise kommt den Betrug zu befördern.)
Adel. Seine Liebste? O untreuer Gemahl/ O betriegerischer
Wüterich.
Adal. Höre/ O Schöne:
Adel. Dich Meineydigen anhören? Dich Eydbrichigen an-
hören?
Adal. Höre doch/ Geliebte.
Adel. Deine Betriegereyen anhören? Ich wäre wohl tohr-
recht.

  Gieb mir zuruck mein Hertz/
  Das nicht mehr für dich ist.
  Wann dessen Treu beflecket/
  Nicht war bey dem/ der stecke

            Voller

Voll Ränck/ und falschen Schertz/
Bey den/ der voller list/
Gib mir zuruck mein Hertz/
Daß nicht mehr für dich ist.

Laß doch/ daß ich beweyn
Gantz frey hier meine Noth.
Ohn dem ich dich dörff sehen/
Voll Untreu vor mir stehen/
Ist die Untreu allein
Mir ein sattsamer Tod.
Laß doch / daß ich beweyn
Gantz frey hier meine Noth.

Ern. (Wol ein Narr der sich verliebet.)
Adal. Was ein ungnädiger Außspruch; Ach! **wär ich** noch gehörloß.

Gehet hinweg.

Ern. Was grossen Betriegereyen unterwirfft sich ein Hertz/ daß verliebt ist: Und dannoch halten sie es vor eine so grosse Vergnügung / eine betriegerische Schönheit lieben? O was eine Schwachheit.

Sey die Lieb ein grosse Freude/
Ich sie doch nicht üben will.
Dann ich acht die Lust nicht viel /
Mier ist gnug/ **wann** ich nichts leyde.

Dantz von erdichten Klang- und Seitenspillern.

Dritte

Dritte Handlung.

Erster Eintritt.

Adelheide/ und Melitea.

Adel. Bey der Gfahr mich die Liebe bezwinget/
Ich im lieben Vergnügung noch fühle.
Doch/ wann das Ungewitter Freud bringet;
Ach! wie angenem wäre die Stille.

Mel. Dochter/ ich bitte dich umb eine Gnad.
Adel. Ich bin dir sehr viel schuldig/ rede/ begehre nur.
Mel. (Was eine liebe Dochter.) Ich verlange einen guten Dienst für meinen Bleno/ nicht auß geilen Antrieb/ sondern allein deinem Reich zu Nutzen? Ich will mich mit ihm verheyrathen/ und dein Königreich mit mehr Kindern bezieren/ welche umb deinem Thron die gantze Welt unterthänig zu machen/ zu Friedens-Zeiten weise Rathgeber/ und im Krieg starcke Helden seyn werden.
Adel. (Was eine Närrin!) Du solst auff ein anders Joch/ als auff jenes der Ehe Gedencken/ das fallende Alter beschwert allbereit deine Achseln.
Mel. Jetzt/ jetzt gleich will ich dem bethörten König alle die angestellte List und Betrügereyen offenbaren.
Adel. Nein/ Nein? Ich treibe nur Schertze/ ich billige dein Heurath; Ja ich will/ daß du deinen Bräutigam dises Gold verehren sollst.

Gibt

Gibt ihr einen Beutel mit Guldener Müntz/ auff deren jeder ein Ochs geprägetseyn wird.

Mel. Geliebte Dochter/ deine Gütigkeit ist einen Schatz werth? O was schöne Goldstück! Auff jeden ist ein Ochs geprägel: Was ein schöne Vordeutung meines ehligen Jochs! Glück zu holdseelige Königin!

Gehet hinweg.

Adel. Was macht mich das Verliebt seyn/ erdulten.

Anderter Eintritt.
Bleno/ und Melitea.

Bleno kombt mit einem Brieff in der Hand/ mit grossen Hochmuth gehend.

Ble. Von meinem König/ deinem Gemahl/ komme ich/ dem gesamten Königreich zu Nutzen/ als ein Bottschaffter anhero.

Reicht der Königin den Brieff/ und bedecket sich.

Nimme hin. Hola Diener/ Edel-Knaben/ gebt mir einen Sitz; Nennet mich einen Herrn.
Adel. Gehe von dar/ Torrechter.
Ble. So grossen Hochmuth?

Jmittelst liset die Königin den Brieff/ und gibt auff dem Bleno nicht acht/ welcher fortfahrt zu sagen.

Hast du noch so viel Hoffweiß nicht gelernet? Und weist du mit Bottschafftern meines gleichen nicht höfflicher um-

umzugehen? Du verlangst Krieg / ich bringe Krieg / und du solst Krieg haben.

  Kriege / Kriege will ich führrn /
  Wider dich / und dises Land ;
  Ja so gar die Trummel rühren /
  Will ich selbst mit eigner Hand.

Dritter Eintritt.
Ernestus / und Adelheide.

Ern. Ich sencke mich / großmüthige Königin / zu deinen Füssen.
Adel. Du kommest eben recht. Der bethörte Adalbert / welcher glaubt / ich seye eyffersichtig / entschuldiget sich in disen Brieff: Nun rathe mir / was ich antworten solle.
Ern. Ein hefftige lieb ist schwer zu verbergen; Und man kan nicht allzeit einen feindlichen König betriegen. Damit er nicht schaden könne ; begehre von ihm / zum Zeichen seiner Treu / daß er seine Völcker verschicke.
Adel. Weiser Rath / und damit auch kein Schatten einer Eyffersucht deß Lidolfo Hertz betrübe / komme mit mir / und hilff mir die Antwort verfassen.
Ern. Eine all zu grosse Liebs Vorsichtigkeit mit dem Fürsten deinen Gemahel.
Adel. Aber nicht zu groß mit einem / der eyffersichtig.

Vierdter Eintritt.
Idrena allein.

  Für euch / Götter / es gehöret /
  Eines Königs Schutz zu seyn.
  Den doch / den ich lieb / bewachen /

Ist mehr mein/ als eure Sachen.
Argus Augen nur gewehret/
Götter/ mir zur Gnad allein.

In disem Zimmern hab ich verborgener gehöret / was die Feinde wider meinen Geliebten anspinnen. In dem sie Jhne seiner Mannschafft berauben wollen/ verlangen sie jhn zu feßlen. Ein Hertzscher/ der sich entwaffnen lasst/ stehet in grosser Gefahr. Was soll ich armseelige beginnen? Rathet/ rathet mir O Götter.

Was hilfft offenbahren
Verborgene List.
Wann sich zu bewahren
Kein Mittel vergwisst.
So mildes Verfahren
Gantz grimme voll ist.

Fünffter Eintritt.

Bleno. Jdrena. Melitea.

Ble. Ulff dise Weiß gefallest du mir/ mein liebe Braut.
Jdr. (O was ein überlästiger Narr! Jch mueß nur weggehen.)

Jdrena gehet weg/ Bleno folgt jhr. Unterdessen kommt Melitea auff eben denselbigen Weeg/ und Bleno umarmet sie/ in der Meynung/ es seye Jdrena.

Ble. Bleibe doch/ angebette Zauberin. Bleibe doch/ dann ich liebe dich schon/ und umarme dich.
Mel. (Er hat gewiß das Geld geschmeckt.)

Meli-

Melitea zeigt ihm den Beutel mit Geld; Er aber betracht sie in Gesicht / und merckt / daß er sich betrogen / glaubend / die Melitea habe widerum die Gestalt verändert.

Schau doch/ wie schön es ist.

Ble. Ach mir/ wann dises schön heisst/ so ist auch die Megera schön.

Mel. Ist es villeicht zu wenig? Ich habe schon mehr.

Ble. Warum magst du aber allzeit die Häßlichste annehmen?

Mel. Wie?

Ble. Das vorige Gesicht ware weit besser.

Mel. (Ich verstehe es; Er hat mich für die Idrena gehalten. Aber er glaubt alles/ ich will ihn bethören.) Mir ist leyd umb dich/ Bleno.

Ble. Warum? Steht mir ein Unglück vor?

Mel. Ich hab geglaubt/ du seyest allein deß Gehörs beraubt/ nun aber sehe ich/ daß du auch blind/ oder wenigst scheelsehend bist. Und dises ist ein Mangel/ mit deme du deß Königs Gnad nicht mehr hoffen dörffest.

Ble. (Sie will mich foppen.) Wie kan dises seyn? Ich sihe gar wohl. (Aber ich will sie verspotten.)

Mel. So sage mir / sihest du die schönen Rosen / und frische Lilien auff meinen Wangen?

Ble. Es ist wahr. O was angenehme Lilien / und Rosen. (Ich sihe aber nichts als Falten.)

Mel. Sihest du die Magnetsteine diser Augen?

Ble. (Mich bedunckt nichts zu sehen / als zwey Fischgehalter.) Es ist wahr/ es ist wahr. O was schöne Magnetstein!

Mel. Und sihest du in disem Mund die weissen Perln / worauß die Göttinnen der Huld / der Lieb eine Wiegen zu machen pflegen?

Ble. Hiervon sih ich nichts.

Mel.

61.

Mel. Was? was?
Ble. Ja/ ja/ ich sihe sie.
Mel. Du hast ein gutes Gesicht; Nun merck ich/ daß ich geirret hab.
Ble. (Freylich hab ich ein gutes Gesicht/ weil ich gar sihe/ was nicht ist.)
Mel. Um selbes aber noch mehr zu stärcken/ beschaue ein wenig dises Gold.
Ble. (Dises sehe ich wohl) O was ein Schatz!
Mel. Ich will dir es zu einen Heyrath-Gut schencken.
Ble. Nur bald.
Mel. Nimme es hin/ und danck denen Göttern umb so grosse Gnaden/ daß sie dir eine so schöne Braut/ und noch darzue so vil Geld verleyhen.
Ble. Es ist wahr; Ich bin dessen nicht werth; Es ist fürwahr zu vil. Sie mögen die schöne Braut einem andern geben/ und mir das Geld lassen.

Gehet mit dem Geld hinweg.

Mel. Er hat mich betrogen. Dises verdriesst mich/ daß ein gescheides Weib/ von einen so thorrechten Menschen/ ein schlauer Fuchs von einer Nachteul sich habe betriegen lassen.

Secht jhr Weiber/ so gehts her.
Wann die Gestalt
Einmahl entfallt
Weicht die Lieb fer.
Gar das Gold hat kein Gewalt/
Wann kein Gold in Haaren mehr.
Seht jhr Weiber/ so gehts her.

Sech=

Sechster Eintritt.

Zimmer.

Ernestus/ eine von der Königin Freylen.

Ern. Clelia/ die Königin befilcht dir / daß du dises Blat dem König überritchen sollst.

Die Freyle nimmt den Brieff/ und gehet fort.

Was eine fürsichtige Frau! Ich muste die Antwort am König verfassen / und sie hat selbe unterschriben. Lidolphus ist eben darzue kommen / und hatte ein wohlgefallen daran. Ein jeder lehrne von diser Königlichen Braut/ auch so gar den Schein/ und Schatten deß jenigen zufliehen/ was die Eyffersucht deß geliebten Bräutigams erwecken/ und seine Ruhe verstören kan.

    Ehrbarkeit ist schön zu nennen
    Sie doch nicht begnügen kan;
    Gnüegt die Götter/ die alls kennen/
    Doch nicht der verliebten Wahn.

Aber hier kommet Adalbert / und mit jhme die Clelia; Er tragt der Königin Brieff in Händen. Ich will hier abseits hören/ was er entschliesset.

Siben=

Sibender Eintritt.

Adalbert mit einem Brieff in Handen/ Ernestus abseits. Der Königin Hoff-Dama.

Adalbert list den Brieff/ nach dem er solchen gelesen/ sagt er.

Adal. Du verlangst zur Darthuung meiner Treu von mir sehr wenig / O Schöne.
Ern. (Er mercket die grosse Gefahr nicht.)
Adal. Höfliche Freyle/ lasse/ mir zugefallen / den Bleno herkommen.

Sie neiget sich / und gehet fort

Ehe noch die Nacht komme/ den Tag zu vertreiben/ welcher schon zu Ende gehet/ will ich durch den Bleno Befehle in das Feld-Lager überschicken / daß alle meine Völcker sich in mein Königreich zuruck begeben sollen.
Ern. (Die Himmel zeigen sich meinem Absehen geneigt.)

gehet weg.

Adal. Dir ein Prob der Lieb zu geben/
Wilst was schlechtes sein gewehrt.
Wann du wolltest auch mein Leben/
Hättest du nicht vil begehrt.

Achter

Achter Eintritt.
Adelhaide/ und Lidolpho kommen sich aneinander umarmende. Adalbert. Jdrena.

Adel.⎫
Lid. ⎭ Angenehme Bande meines Hertzens.

Adal. Was sihe ich? Untreue/ dises vor meinen Augen?
Adel. O grausames Geschicke!

Adalbert ersihet sie; laufft mit Gewalt gegen jhnen. Adelheide entfliehet voller Schrocken. Lidolpho ergreifft den Degen / und gehet auff den Adalbert loß: Es kombt Jdrena stost den Lidolpho weg/ und Adalbert bleibet allein auff der Schaubühne.

Lid. Es erlige/ es sterbe der Wütterich.
Jdr. Ach! halte doch innen.
Adal. Was Untreu/ und Betriegerey! Du allein/ geliebte Jdrena/ die du deß Verräther. unerwarten Degen von mir abgewendet/ du allein bist mir noch getreu/ obwohlen du nicht mehr lebest: Du hast alle Treu mit dir unter die Erd genommen/ und darumen ist keine Treu mehr zu finden in dem falschen Hertzen meiner ungetreuen Gemahlin. Meineydige hast du mich zu disem Ende gesucht zu entwaffnen? Und ich Torrechter glaubte deinen Schmeichlereyen/ und legte mir selbsten die Fässel an die Füsse? Nein/ nein Eydbrüchige/ meine Mannschafft wird bleiben/ und wird/ unter der Anführung meines Zorns/ dich und deinen Buhlen/ wie auch deine Burg/ samt dem Königreich/ vernichten.

*Inmittelst fangt sich die Schau-
Bühne an zu verfinstern.*

Mit Rach, nun in Eile/
O Hertz/ dich umfang:
Und du/ O Liebes-Hitze/
In haglende Blitze/
Verwandle den Pfeile/
Der mein Hertze durchdrang.

Hier wird es völlig Nacht.

Nun begiebe ich mich in das Feld-Lager. Ich gehe; Aber wohin kan ich gehen bey so finsterer Nacht? Treu-lose/ ich verstehe dich/ du willst/ daß ich allhier sol-te ein Opffer werden deiner Unmenschlichen Entrüstung; Aber vielleicht werden die Himmel einem König bey-stehen.

Neunter Eintritt.

Nacht.

Ernestus/ und Adalbert.

Ern. Wie verblendet/ und verwürret/
Macht ein Seel die Liebes-G'walt.
Adal. (Hier hör ich eine Stimm.)
Ern. Da sie eines Bands sich entwürret/
Sie gleich wiedrumb in neue fallt.
Adal. (Mich dunckt/ es seye Ernestus.)
Ern. (Nun stellet widrum neuen Betrug an ...)
Adel. Freund.
Ern. (Er ist hier.) Verzeyhe/ O König/ so ich dir nicht ge-bührende Ehrerbietigkeit erwisen. Ich habe mit gros-ser Auffmercksamkeit einen Brieff gelesen.

Adel.

Adal. Wie kanst du in der Finster lesen? Es ist nicht Zeit/ Schertz zu treiben. Ach/ so du anderst in deinem Gemüth eine edle Neigung tragest/ und so du anderst edel gebohren/ und mein Freund bist/ so lasse mir ein Liecht bringen/ und mache/ daß ich zu meinen Kriegs-Heere kommen/ und dise listvolle Burg verlassen könne.

Ern. (Er hat mich erweichet.)

Adal. Trage doch ein Mitleyden mit einem verrathenem König.

Ern. (Aber meinem Fürsten bin ich weit mehr verpflichtet.) Ich begreiff nicht/ O König/ was du sagen wilst/ Es belebet ja mehr als eine Fackel allhier den entwichenen Tag.

Adal. Wie kan dises seyn? Sihe ich doch nichts.

Ern. Villeicht beraubet dich ein unversehener Zuefall deß Gesichts?

Adal. Nein/ nein; Dann ich hab erst gesehen/ daß die geile Königin jhren Liebsten umarmet hat.

Ern. Dises kan nicht seyn. Es ist schon eine lange Zeit/ daß sie in jhrem Zimmer verschlossen/ unterschiedliche Schrifften unterschreibet; Und sie hat solche noch nicht vollendet.

Adal. Du betriegest mich Ernestus. Aber wann ein Liecht hier ist/ so lese mir disen Brieff.

Ern. (Er hat den Brieff in Händen/ den ich angegeben.)

Adal. Nimm jhn hin.

Ern. Ich lese.

Ernestus nimmt den Brieff/ und stellt sich/ als ob er seben lesete.

„ Geliebtester Ehe-Gemahel und König.
„ Wann es wahr ist/ daß du mich liebest/ so
„ schicke deine Völcker/ welche mein Königs
„ reich

" reich unterdrucken/ zuruck in dein Lande.
" Dise Darthuung deiner Lieb verlanget
" von deiner zweiffelhafften Treue.
　　　　　　" Adelheide deine Braut.

Adal. (Eben dises ist der Innhalt deß Brieffes. O Himmel/ was wird dises werden? Seyd jhr villeicht/ O Götter/ noch nicht zufriden/ daß jhr mich deß Gehöre beraubet habt/ wollet jhr mich auch umb mein Gesicht bringen.)
Ern. Aber zu mehrerer Gewißheit komme mit mir in der Königin Zimmer/ allwo du versteckter wahrnehmen kanst/ daß ich die Wahrheit geredt.
Adal. Lasset uns gehen. Wie ungnädig ist mir das Geschicke!

　　　Ernestus nimmt den König bey der
　　　Hand / sich stellend / als ob er jhn in
　　　der Königin Zimmer führete / und
　　　nach dem er jhn durch etliche Zim-
　　　mer geführt/ bringt er jhn wider
　　　　　　in das vorige Zimmer.

E 2　　　　Zehen-

Zehendter Eintritt.

Lidolpho. Adelhaide. Jdrena.

Edel-Knaben mit Liechtern.

Jdr. WAnn du wilt entseelen
Den/ der Eyffers-Quelen
Macht/ Fürst/ leyden dich.
Sag/ hab ich dir Ursach geben/
Daß du an dem/ der mein Leben/
Zu entleiben suchest mich.

Adel. Ja/ ja/ geliebter Fürst. Du hast dich vom Zorn allzuvil einnehmen lassen. Es seye dir genueg/ ohne Blutvergiessung obzusigen.

Lid. Verzeyhe mir/ O Schöne/ so in den gähen Zorn die Faust den Gehorsam übertretten. Ich verspricht dir aber/ daß ich hinführo meinen Zorn besser bezaumen werde.

Adel. Nun gehe Jdrena/ und trage keine Sorg mehr für sein Leben.

Jdr. Grosse Forcht kommt von grosser Liebe her. Dir aber/ O Königin/ befilch ich meinen Liebsten. Wann du verliebt bist/ wirst du meine Neigungen zu bemitleyden wissen.

geht **weg.**

Lid. Ich besorge/ mein Neben-Buhler **dörffte** uns überfallen/ ehe wir Zeit hätten/ die Liechter zu verstecken.

Adel. Nein/ nein. Eine meiner Freylen wird seiner Ankunfft vorkommen.

Beede. Aber/ was ein **grosse** Peyn ist dise unser verstohlene Lieb!

Adel.

Adel.　　　O grausames Glück/
　　　　　Wie lang müssen wir
　　　　　Noch bergen die Treu?
　　　　　Daß von dem Geschicke
　　　　　So keusche Begier
　　　　　So sehr geplagt sey/
　　　　　Ist ein Raserey!

Lid.　　　Sagt/ wie lang betrüben
　　　　　Sich mit diser Peyn
　　　　　Mein Hertz noch muß.
　　　　　Ein so treues Lieben
　　　　　Gepeynigt zu seyn
　　　　　Mit solchem Verdruß/
　　　　　Ist ein grimme Bueß.

Es kommt eine Freile/ welche durch Zeichen zu verstehen gibt/ daß der König komme. Die Edel-Knaben gehen mit den Liechtern. Hernach kommt Adalbert/ von Ernesto geführt/ welcher ihn in ein Winckel stellet/ und sich weg begibt. Von der andern Seyten kommt Bleno.

Eilffter Eintritt.
Adalbert. Ernestus. Adelhaide. Lidolpho. Bleno.

Ern. Hier kanst du verborgener stehen bleiben / und dich meiner Treu versichern.

Adel. (Dise seynd alle schon mit verstanden.)

Adal. (O Götter.)

Ble. (Die Freyle sagte mir / daß der König hier meiner erwarte.)

Adel. Seynd noch mehr verhanden?

Lid. Wenig

Adel. Ich will sie alle verbescheiden / damit ich hernach von allen Reichs-Sorgen entäussert die Zeit mit meinem Königlichen Gemahl zuebringen möge.

Ble. (Was grosse Finstere!)

Adal. (Was Verzauberungen/ O Himmel!)

Lidolpho stellet sich / als ob er den
Innhalt etlicher Bitt-Schrifften
der Königin vortragete.

Lid. Dise hat kurtz vorhero der Schweitzerische Gesande eingereichet. Er bittet um die Loßlassung jhrer Gefangenen.

Adel. Sie sey jhm verwilliget.

Adal. (O Götter!)

Ble. (Die anderen sehen / und ich nicht / dises ist ein Rach von der Zauberin / damit ich meines Königs Gnad verliehren soll.)

Lid. Dise übergaben deine vereinigte Stände/ und bitten/ daß sie doch einmahl der Kriegerischen Mannschafft möchten überhoben werden.

Adel. Ich hab schon meinen Geliebten umb dise Gunst ersuchet.

Adal. (O Himmel!)

Ble. (Aber jhr zu Trutz will ich mich stellen / als ob ich sehete.)

Lid. Die letzte ist von Melitea.

Ble. (Von meiner Feindin?)

Adel. Lese sie.

Lid. Schaffe doch / O Königin / daß mich Bleno heyrathe / oder daß er mir mein Geld zuruck gebe.

Adel.

71.

Adel. Schreibe/ sie solle gescheid werden/ oder sich erhencken.

Adelheide und Lidolpho gehen weg.

Ble. (O was ein vernünfftige Königin. Nun kan ich das Geld mit Ruhe geniessen.)

Adal. (Mich bedunckt/ sie seye hinweg/ vnd ich höre deß Bleno Stimm.) Bleno?

Ble. (Ach mir/ hier ist er.) Herr?

Adal. (Ich will mich der Wahrheit versichern.) Sag mir/ siehest du nichts?

Ble. (Er will mich wiederum versuchen.) Ich sehe gut/ und zehle eben das Geld/daß mir mein Braut geschenckt.

Schüttelt dem Beutel/damit er das Gold höre; Nimmt hernach ein Goldstuck herauß/ umb selbes dem König zu zeigen.

Siehe/ was ein grosser Pfenning! Sein Präg ist ein Ochs: Es wird wol vom Kayser Vitellio seyn.

Adal. (Ach mir! Und ich sehe nichts. Grimmes Geschicke!)

Bleno nimt eine andere Müntz herauß/ die nicht gut ist.

Bel. Diser ist nicht viel nutz. Ich glaube/ er seye vom Kayser Ottone.

Adal. (Es ist kein Zweiffel mehr? Ich bin meines Unglücks allzu viel vergwißt.)

E 4   Zwölff-

Zwölffter Eintritt.
Melitea/ und die vorigen.

Mel. Adalbert? Adalbert?
Adal. Ha! Wer bist du?
Mel. Die Zauberin.
Ble. So lasset uns weglauffen.

Bleno stosset im weglauffen an die Melitea/ und macht sie fallen.

Mel. Jdrena schicket mich zu dir: Hilff/ hilff; Ach mir!
Adal. Bist du vielleicht gefallen?
Mel. Es ist ein muthwilliger Geist/ der immerdar ?schertzen will/ und mir nie keine Ruehe laßt? Aber ich werde ihn zu straffen wissen.
Adal. Nun sage/ warum kommest du dann?
Mel. Sie weiß wol/ daß der Himmel dir das Gesicht benommen/ umb dich Untreuen zu straffen durch neue Vorbildungen eytler Eyffersucht; Derowegen schicket sie dir disen guldenen Schleyer/ dann/ wann du mit selben die Augen verbindest/ werden sie bald wiederumb sehen.
Adal. Freundin/ es freuet mich mein eigenes Unheyl/ wann selbes genug ist/ den Schatten der Jdrena zu besänfftigen.

Adalbert verbindet die Augen mit dem Schleyer/welchen ihn die Melitea gegeben.

Lieb würst du mir seyn/ O binden/
Wann du mir bringst das Gesicht.
Würdest mich doch mehr verbinden/
Wann ich durch dich kunte finden
Die/ so meiner Augen Licht.

Im=

73.

Immittelst wird die Schau-Bühne erleuchtet.

Mel. Nun kumme mit mir / O König / in meine Höle / allwo ich meine Künsten übe; Alldort will ich durch beglückte Zauberey verschaffen / daß kein Zufall mehr deinen Sinnen schaden könne. (O wann er wuste / daß ich ihn in einen Kercker führe.)

Adal. Führe mich / wohin du wilst / liebreiche Schwartzkünstlerin / ich werde deiner treuen Verleitung folgen.

Dreyzehenter Eintritt.

Lidolpho. Ernestus.

Lid. König/ du magst immer gehen
In die Fässel / Band und Ketten.
Dise besser dir anstehen /
Als die Band der Angebetten.

Ern. Aber warum nimmt man ihn gefangen?

Lid. Es ist schwer / daß er nicht mercken soll / daß man ihn betrogen habe / und hernach dise Schmach nicht rächen solte durch seine Waffen. Seinen Kriegs-Heer wollen wir die Gefangenschafft ihres Königs wenigst / biß zu unserer Völcker Ankunfft / verbergen. Die Besorgung seines Tods wird sie in Zaum halten.

Ern. Der Himel gebe/ daß sie nur zu rechter Zeit ankommen.

Lid. Ein so langes Verweilen kommet mir sehr seltzam für.

Ern. Dieses ist schon ein alter Mußbrauch unsers Hoffs. Man redet Tag und Nacht von einer Sach / es wird gleichwohl nichts entschlossen: Ausser der Zeit verwirfft man Schätze; Man säet viel an / und erndnet wenig. Was hilfft es/ daß dein berühmter Vatter wache/ wann keiner ist / der ihm an die Hand gehet. Der Meer-Sturm führet Krieg mit einen grossen Schiff / wann

E 5 aber

aber die unbehutsame Ruder-Knecht schlaffen / wie kan selbes der Steuer-Mann allein erretten?
Lid. Er soll sie auffs wenigst erwecken. Gehe Ernesius / den Anzug der Teutschen Völcker / welche nicht mehr weit von dar sein können / zu beschleunigen.

Gehet hinweg.

Ern. Ich werde gehen. An was hertzlichen Unterwindungen hat uns dieser langweilige Verzug verhindert.

 O schädliche Saumnuß /
 Du hast ins Verderben
 Viel Länder gebracht.
 Du bist eine Schlaff-Sucht/
 Die Krancken im Sterben/
 Das Aug erst auffmacht.

Man höret eine kriegerische Music.

Aber ich höre ein erschröckliches Getöß von Waffen? O Götter / stehet den Prinzen bey: Dann in einem jungen Hertzen ist die Lieb gar kein / oder doch nur ein ringer Fähler.

Vierzehenter Eintritt.
Bleno / und Melitea.

Ble. Wohin soll ich fliehen? Und wo / wo soll ich mich verstecken?
Mel. Du wirst gar bald in die andere Welt fliehen.

 Die Zeit ist nunmehr dar /
 Da umbsonst bitten wird /
 Unsonst auch seyn verwürzt /
 Der mein Plag war.

Das

Das Krieg-Heer / welches Adelheide schon lang erwartet hat / ist nunmehr ankommen: Dein Herr ist gefangen. Alle die Feinde wird man entleiben / und du wirst der erste von disen seyn.

Ble. Es braucht nicht so vil Gepränge. Disen Vorzug verlang ich nicht; Dann ich bin nichts / als ein armer Diener.

Mel. Ja / aber du bist treuloß / und vermessen / und dessentwegen werd ich dich nun umbringen lassen.

Ble. Ach nein / mein außerwöhlte Braut. Da hast du dein Geld widerum / daß du mir gegeben. Ich begehre von dir kein Heyrathgut: Deine Schönheit ist mir ein grosser Reichthum.

Mel. (Er erbarmet mir.) Ich will dir das Leben fristen; Aber versprichst du mir / daß du mein Mann wollest werden.

Ble. Ich versprich dir es.

Mel. So schwöre mir es durch die grösste aller Gottheiten.

Ble. Ich schwöre es durch die Forcht / welche die grösste meiner Gottheiten.

Mel. Schwöre mir durch die Lieb / die alles überwindt / und bezwinget.

Ble. Auch durch die Lieb. (Ich solte lieber sagen; Mit Gewalt.)

Mel. So lebe in Sicherheit.

Ble. Lasset uns gehen / ich bitte dich / zu sehen / wie es meinem armen Herrn gehe.

Mel. Komme.

Ble. Aber höre: Wann mich der Feind sihet?

Mel. Was ligt daran.

Ble. Es ist wahr. Ich besorge nichts; Aber um dich ist mir leyd / daß du sollst eine Wittwe werden.

Mel. Komme nur mit mir / und beförchte nichts.

Ble. (Eben darumen fürcht ich mir. Ich hab einen Teuffel auff der Seiten und solte mir nicht fürchten?)

Funff-

Funffzehender Eintritt.

Gefängnuß.

Adalbert an Ketten. Hernach Adelhaide / Lidolpho und Ernestus.

Adal. SO gibt mir der erboßte Himmel allein mein Gesicht widerum / damit ich mich in Feßlen sehe? Ach nein / um die Unbillichkeiten meiner beschimpfften Treu zu rächen / sicht sie der Himmel nicht einmahl in diser finstern Gefängnuß.

> Du/ O Herze/ nicht verzag.
> Ists ein Fähler / unabwendig
> In der Lieb seyn / du zur Straff
> Nun beständig
> Alls ertrag.

Adel. Das Glück / O Adalbert/ hat sich verkehret.
Adal. Undanckbare / Treulose / du hast selbes gelehret mir untreu werden.
Ern. (Seynd dises die Bestrickungen/die die Lieb ertheilet?)
Adel. Nun bist du ein Gefangener der Jenigen / die vorhero deine Gefangene ware. Die Ketten seynd von meinen Fuß an deinen übergangen.
Adal. Die Deinigen seynd voller Betrug / und Meine voller Treu.
Lid. Schweige / Adalbert / und lehrne wenigsten in Fuß-Eysen die Ehrerbiethung / die du einer Königin schuldig bist.
Adal. Und wer bist du / der du dich unterstehest einen König Gesätze vorzuschreiben? Dann diser bin ich in Fesslen/ und

und werde es auch vielleicht wiederum auff den Thron seyn.

Lid. Ich bin Lidolpho / ein Sohn deß grossen Kaysers Otto/ und der Adelheide Gemahel.

Adal. Warum sagst du nicht / ihr gailer Buhler?

Adel. Er ware mein Gemahl / ehe du dise Burg bezwungen / und gegen ihn waren die Darthuungen der Lieb warhafft / mit dir aber erdichtet: Daß / was der Diener erzelte / daß / was du hernach selbst gesehen und gehöret / war alles wahr / allein hab ich mich gewisser Kunst-Griff bedienet / umb dich zu bethören.

Adal. Was häßlicher Betrug! Wann aber meine Völcker treuer seyn / als du warest / hoff ich dich wohl noch bey meinen Füssen bittend zu sehen.

Lid. Du hoffest umsonst auff deine Mannschafft; Als sie die Menige kommen gesehen / haben sie sich durch die Flucht gesicheret.

Adal. O was Unglück!

Adel. Ich will dir dannoch das Leben / und das Königreich lassen / wann du die getreue / und dir vormahls so angenehme Jdrena zur Ehe nehmen wilst.

Adal. Auch / da du mich zum Tod verurtheilest / treibet dein grausames Hertze noch mit mir Schertze

Letzter Eintritt.

Jdrena / Bleno / Melitea / und die vorigen.

Ble. (Unglückseeliger Herr.)
Mel. (Unbeglückter König.)

Adal. Ich verstehe dich / du wilst / daß ich mich in den Grab mit der verstorbenen Jdrena vereinige.

Jdr.

Jdr. Nein / Geliebter / Jdrena lebet noch / wann du anderst wilst / daß sie leben soll / so du sie aber nicht mehr liebest / ist sie todt.

Adal. O Himmel / was höre / was sehe ich!

Ble. Braut / du hast mich gefopt / jetzt merck ich es.

Adal. Weil dich der Himmel mir wiederum zugestellet / und weil du mein Leben beschützet hast / so giebe zu / daß ich dich umarme / geliebte Jdrena / meine Gottheit.

Adel. Man entfäßle ihn.

Man löset dem Adalbert die Ketten ab.

Adal. Deine Tugend ist so groß / daß sie auch einen Herrscher die Vermählung deren / die sich selbst nicht kennet / beliebt und angenehm machet.

Adel. Die sich selbst nicht kennet?

Adal. Sie wurde als ein Kind / von einen Niederländischen See-Rauber / meiner Mutter geschenckt.

Jdr. Unbekannt / aber nicht unedel ist meine Herkunfft? Ich erinnere mich / daß ich / als eine Edle Fürstin / bin erzogen worden / ehe ich in Meer / sambt meiner Saug-Amme / bin geraubet worden.

Mel. (Was ein Argwohn entstehet in meinen Hertzen.) zu Adalbert Sage mir / O König / wann du dich noch erinnerest / wie jener Meer-Rauber geheissen? War es vielleicht Organte?

Adal. Eben diser.

Mel. Und wust du dich deß Nahmen der geliebten Saug-Amme zu entsinnen?

Jdr. Sie neunte sich Aspasia.

Mel. (O Himmel? Dises war mein Nahm / ehe ich geraubet worden:) Und was hattest du vor einen Nahmen in deinen Vatter-Land?

Jdr. Osmonda.

Mel. Was ein Stromm der Freuden überschwemmet mein Hertze:

79.

Hertze: Dochter/ O geliebte Dochter/ beglückte Fürstin?
Siehe ich bin Aspasia deine Saug-Amme.
Jor. (O Götter/ was höre ich?)
Adel. So ist dise die Fürstin auß Engelland/ von der du offt geredet hast?
Mel. Eben dise ist es: Und ich kunte noch wol mehreren Beweiß dessen auffführen.
Adal. Was Belieben!
Ern. Was Wunder!
Adel. Ich erfreue mich deines Glücks/ geliebte Osmonda.
Jor. Ich habe allein dir umb selbes zu dancken/ großmüthige Königin.
Lid. Ridolpho neiget sich vor dir.
Ern. Ingleichen Ernestus.
Ble. Wie auch Bleno/ deiner Saug-Ammmen Mann/ welche/ obwohlen sie nicht schön/ so ist sie doch reich.
Adal. Auß Freuden/ O Geliebte/ vergehe ich fast.
Adel. An so beglickten Tag leere man die Gefängnussen auß. Nun aber/ O Freunde/ lasset uns in die Königliche Zimmer gehen/ damit wir/ bey gegenwertigen Freuden/ vergessen die Verdrüßlichkeiten der vergangenen Zeiten.

Adel.]
Jor.]
Es weichen schon ferne/
Der häßligen Sterne
Leyd-bringende Blick:
Durch holdes Einfliessen
Die Plag sie versüssen
Mit Freuden und Glück.

Dantz von erledigten Befangenen.